「わたし」を伝える

コミュニケーションワークブック

湯口 恭子

［編著］

晃洋書房

まえがき

本書の願い

　日常生活のさまざまな場面や就職活動の面接などで、自分に自信が持てない、うまく伝えることができないと嘆く学生が多いのが現状です。もっと自分に興味を持って「わたし」を探索してほしい、他者との関係性の中で成長していってほしいという願いから、このコミュニケーションテキストは生まれました。

　回を重ねるうちに、振り返りシートにこんなことを書いてくれる学生が増えてきます。「超のつく人見知りだったけど、だんだん慣れてきました。」「まだ苦手意識はあるけど、少しずつ話せるようになりました。」「短所ばかりが目についてしまい、自分が嫌だったけど、長所もたくさんあるとわかって良かったです。」「隣の人と同じアニメが好きだとわかって、話が弾んで止まらなくなりました。授業中、うるさくしてすみませんでした！」などなど。

　このテキストは、何年もコミュニケーションの授業を行ってきて、学生たちの反応や意見を反映したものになっています。自己理解だけで終わるのではなく、自分の魅力を伝えるツールのひとつとして、使ってもらえればうれしいです。

　コミュニケーションスキルは、スキルというくらいですから、後天的に獲得できるものなのです。今は「人見知り」「恥ずかしがり屋」のあなたも、他者とのコミュニケーションを通して、多くのことを学べるはずです。人生の主人公はあなた自身です。自分の魅力を発見し、楽しい学生生活を過ごしましょう。

本書の特徴と対象者

　本書は大学の授業に合わせて、全15章で構成しています。本文とワークシートに分かれていますので、授業での使用はもちろん、本文を読んで、自分ひとりで進めていくことも可能です。主要な対象は、大学生、短期大学生ですが、専門学校生や社会人となった若い世代にも活用していただける内容となっています。

　パソコンやスマホで入力することが多い時代ですが、授業の中では手書きでワークに書き込みをしてみてください。その時の瞬間を閉じ込めた自分の記録として取っておくのもいいですし、授業で隣の人と意見交換をするときに、きっと役に立つと思います。

　2024 年 6 月

編著者　湯 口 恭 子

目　次

第1章

コミュニケーション
──対話で築く信頼関係──

はじめに

　わたしたちは社会の中で、多くの人とかかわります。家族や友人はもちろん、会社に入れば上司や同僚、取引先の人もいるでしょう。さまざまな人と信頼関係を築いていくためには、コミュニケーションが重要であり、「対話」が必要になってきます。広辞苑（2018）で「対話」を引くと、「向かい合って話すこと。相対して話すこと。二人の人が言葉を交わすこと。会話。対談。」とあり、お互いに向き合って話すことを示しています。日常の何気ないやりとりだけで終わらず、相手と信頼関係を築くことを前提としているのです。

① 違いを認める

　ダイバーシティ（Diversity）という表現を聞いたことがあるのではないでしょうか。日本語で「多様性」を意味する言葉です。「みんなと同じ」であることに安心感を感じる人もいる一方で、「みんなと同じ」ではないという理由で、否定された経験を持つ人もいるかもしれません。「違い」に目を向けた素敵な詩があります。金子みすゞという詩人の詩をご紹介しましょう。「みんな違って、みんないい」というメッセージに、誰もが勇気づけられるのではないでしょうか。

> 金子みすゞ　「私と小鳥と鈴と」
>
> 私が両手をひろげても、
> お空はちっとも飛べないが、
> 飛べる小鳥は私のように、
> 地面（じべた）を速くは走れない。
>
> 私がからだをゆすっても、
> きれいな音は出ないけど、

あの鳴る鈴は私のように、
たくさんな唄は知らないよ。

鈴と、小鳥と、それから私、
みんなちがって、みんないい。

出典：上山大峻・外松太恵子（2002）『金子みすゞ　いのちのうた・1』JULA出版局

② 気持ちだけではなく、試してみよう

　違いを認めることができたとしても、信頼関係というのは一朝一夕にできるものではありません。相手を思いやり、違いを認めることはとても重要です。しかし、気持ちだけでコミュニケーションが上手くいくわけではありません。コミュニケーションの理論を理解し、必要なスキルを獲得することも必要なのです。勉強やスポーツ、料理やゲームだって、上達するためにはいろいろなことを試し、時間をかけて練習したはずです。多くの知識や理論を知り、できなかったことができるようになることは、とても楽しいことです。そして、だんだん上手くできることが増えていくのです。その過程の中で、「もっとやってみよう」という気持ちが沸き上がってきたら、それはきっと、あなたのこれからにつながるでしょう。

　ディビット・コルブ（David Kolb）は「経験学習」という理論を提唱しました。経験学習とは① 具体的な経験、② 内省的省察（経験の振り返りと学び）、③ 抽象的概念化（応用可能な捉え直し）、④ 能動的実験（試してみること）に至るプロセスのことです（赤尾，2013）。この学習サイクルが、経験を再構成し、学びの質を高めていくと言われています。これからあなたがやってみたいこと、試してみたいことを書きだしてみませんか。言葉にしてみること（言語化）で、何を経験したいのかのイメージがつかめてくるかもしれません。

③ 自信って何だろう

　挑戦することを、怖いと感じる人もいます。階段を駆け上げるように上達する必要はなく、時々寄り道をする方が面白いかもしれません。挑戦をする時には、周囲から「自信を持って」などといわれることがあります。そうはいっても、いきなり「自信」が沸き上がってくるはずもありません。

　心理学でいう「自尊感情」は「自分に対する評価とそれに伴う感情およびそれを含みこんだ自己意識」とされ、今の自分をよいものとしてそのまま受け入れる自己受容に近い

（子安・丹野・箱田，2021）という指摘があります。一方、「自己効力」という概念があります。「自己効力」[1]は「ある職務を遂行できるという自信の程度を表す概念」（柏木，2016）とされ、進路選択に関係する自己効力もあります。進路選択自己効力は進路を選択し、決定する過程において必要な行動への遂行可能感（浦上，1995）とされ、大雑把にいえば、行動に関する「できそうだ」という自分への信頼感覚のことです。

　このように考えてみると、「自信」というのは自分自身への肯定的感覚と、行動を起こす上での信頼感覚を併せ持ったものと言えるかもしれません。学生生活を始めるあなたは、今までできなかったことに挑戦したいと願っているかもしれません。これまで頑張って続けてきたことを、さらに高めたいと考えている人もいるでしょう。やってみたことの積み重ねは、きっとあなたにたくさんの学びを与えてくれるはずです。

本章のポイント！

1．違っていて当たり前だと気づこう。
2．多様性を尊重しよう。
3．学生生活を通して、いろいろなことを試してみよう。

注
1)　「自己効力」は社会的学習理論の提唱者アルバート・バンデューラ（Albert Bandura）が提唱した。その後、テーラー・ベッツ（Taylor & Betz）（1983）により進路選択自己効力感の測定の研究が進められた。自己効力は、① 遂行行動の達成（実際にやってみて成功を体験する）、② 代理的経験（成功している他者の行動を観察する）、③ 言語的説得（信頼する他者からの言語的説得。「自分はできる」という自己暗示も含む）、④ 情動的喚起（筋肉が緊張したり、鼓動が早くなったりすることで不安などを知覚すること。リラックスして平静を保つ経験が必要となる）の4つの情報源を通して高められるとされている。

Work 1 これからの大学生活でやってみたいことを書きだしてみましょう。「できる」「できない」は気にせず、「やってみたいな」「できるといいな」と思っていることに意識を向けてください。試したいことを言語化、視覚化することで、自分の望む大学生活がイメージしやすくなるはずです。

学びたい勉強・やってみたい研究など	行きたい場所（旅行・留学など）
取りたい資格や免許	クラブ・サークル・ボランティアなど
やってみたいアルバイト	遊び・趣味など
挑戦したいこと	欲しいものなど

Work 2 Work 1 であげた項目の中からひとつ選び、あなたの支援となるもの（力になってくれそうな人やプラスに作用することなど）をあげてみてください。

<u>支援となるもの</u>

・力になってくれそうな人の例
　（ゼミの先生、クラブの先生、先輩、友人、両親、兄弟姉妹、アルバイト先の上司など）
・プラスに作用する要因の例
　（貯金、これまでの成果○○、あきらめない性格、○○のスキル、○○環境の良さなど）

選択項目
_____

支援となるもの

Work 3 Work 1 であげた項目の中からひとつ選び、挑戦を阻害しそうなもの（妨害となること）をあげてみてください。

<u>阻害しそうなもの</u>

・例（先送りする癖、やるべきことの多さ、3日坊主、誘惑の多い○○な環境、貯金の無さなど）

選択項目
_____

阻害しそうなもの

Work 4 意見交換してみて、気づいたこと、感じたことを記入しましょう。

第2章

自己紹介
──自己紹介の「自己」ってなぁに？──

はじめに

　コミュニケーションは自己紹介から始まります。「自分のことは自分が一番わかっているよ」と答える人もいるかもしれません。しかし、実際の自己紹介では「○○に所属している△△です。よろしくお願いいたします」といったように、所属や氏名を伝えるだけで終わってしまうことも多いのではないでしょうか。

　コミュニケーションにおいて、自己紹介はあなたを伝える第一歩です。ここではどんな「自己」を形成してきたかを振り返ってみましょう。

① 自己概念とは

　「自己概念」（Self-Concept）とは、「わたしはこんな人」と思っている自己イメージ（他者からフィードバックを受けた自己イメージ）のことです。自己概念はあなたが創り出す世界の中での自己像と言えるかもしれません。だからといって、自己概念は勝手にわき出てくるものではありません。あなたが必死に頑張ってきたこと、さまざまなチャレンジの成功や失敗、周囲との交流など、積み重ねてきた経験が自己概念を形成しているのです。

　生涯キャリア発達理論を提唱したドナルド・スーパー（Donald Super）は、自己概念を主観的に形成したもの（主観的自己）と他者からのフィードバックによる客観的なもの（客観的自己）に分け、その人の経験が統合された形で形成されるとしています。

　スーパーは1990年にキャリアのアーチモデル（**図 2-1**）を発表しました。アーチの右側が社会環境的要因（社会・経済状況）、左側が個人的要因（心理学的特性）であり、アーチのトップにある「自己」を支えるように社会環境的要因と個人的要因が柱として立っています。2つの柱である「社会的環境」と「個人」の相互作用により、自己概念が発達し、人は「自己」を形成していくことになるのです。

② あなたの役割

　あなたの経験の中で、「自己概念」を形成するような役割はありますか。兄弟姉妹の一

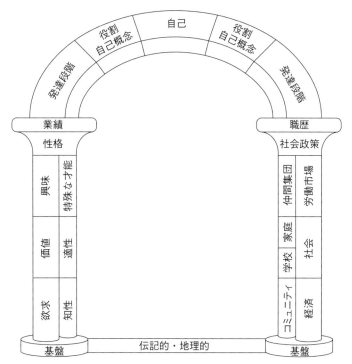

図 2-1　キャリアのアーチモデル

出典：Super, D. E. (1990). A life-span, life-space approach to career development, D. Brown, L. Brooks, and Associates, *Career choice and development: Applying contemporary theories to practice* 2nd ed., pp.197-261, Jossey-Bass Publishers（宮城まり子訳（2007）『キャリアカウンセリング』駿河台出版社）

番上に生まれたことで、弟や妹の面倒をずっと見ていたなら、「子ども好きで面倒見のいいわたし」という自己概念が存在するかもしれません。逆に自分のことを後回しにしたつらさから、「他者と一定の距離を取りたいわたし」という自己概念が形成されることもあるでしょう。

　あなたの仕事や生活の中で、役割はどこにいても付いて回ります。あなたは親から見れば子どもの役割を果たしながら、学校では学生の役割、アルバイトをしているときは労働者の役割、選挙のときは市民の役割なども担っているわけです。スーパーはこういった人生役割をライフ・キャリアレインボーと名付けました（**図 2-2**）。

　時間は 24 時間しかありません。お金が必要でアルバイトばかりしていると、学業がおろそかになることもあります。これは、労働者の役割が学生の役割を押し出しているということになります。あなたはこれから社会人になり、所属先でさまざまな役割を担うこともあるでしょう。家庭を持つ場合はパートナーに対する役割、子どもを持った場合は親の役割も担うことになります。どの役割に自分の時間をどのくらい使うのか、そこにはあなたの考えや大切にしている価値観があり、あなた自身が選択をすることになるのです。

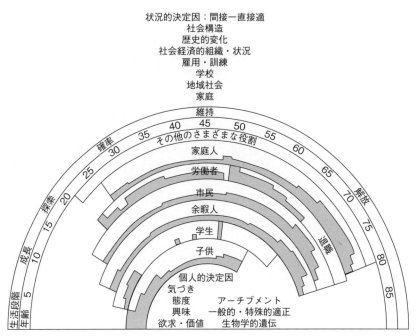

図 2-2　ライフ・キャリアレインボー

出典：Super, D. E. (1980) . A life-span, life-space approach to career development. *Journal of Vocational Behavior, 16*, pp.282-298（岡田昌毅訳（2007）「ドナルド・スーパー——自己概念を中心としたキャリア発達——」渡辺三枝子編『新版キャリアの心理学——キャリア支援への発達的アプローチ——』ナカニシヤ出版）

③　言葉で表現してみよう

　あなたはこれまでどんな自己概念を形成してきましたか。そして、そんなあなたをどんな言葉で表現すればいいのでしょうか。まずは自分がしっくりする言葉を探していくところから始めてみましょう。

　過去の経験の積み重ねから見えてくる「自己概念」だけではなく、「こうなれたらいいなぁ」という未来の「自己概念」が生まれてくる可能性もあるでしょう。言葉は「言霊」となり、あなたが表現したい「自己像」に近づくきっかけになるかもしれません。

本章のポイント！

1．自己を形成する自己概念について理解しよう。
2．自分の役割と時間から大切にしているものに気づこう。
3．自分のことを言葉で表現してみよう。

Work 1　あなたがあなたに持っている自己概念について考えてみましょう。

　以下（1）〜（10）は「わたし」を表現する欄です。あなたに関する情報やイメージなどを下線のところに記入してみましょう。表現がフィットする（しっくりくる）度合いを、A（よく表現できている）、B（まぁまぁ表現できている）、C（書いては見たが、あまり表現できていない）に分けてください。そして、ABCのいずれかを（　　）に記入してください。

（1）わたしは_____。　（　　　　）

（2）わたしは_____。　（　　　　）

（3）わたしは_____。　（　　　　）

（4）わたしは_____。　（　　　　）

（5）わたしは_____。　（　　　　）

（6）わたしは_____。　（　　　　）

（7）わたしは_____。　（　　　　）

（8）わたしは_____。　（　　　　）

（9）わたしは_____。　（　　　　）

（10）わたしは_____。　（　　　　）

上記の中で表現度が高いものを中心に、思い浮かぶ経験や共通点、気づいたことなどをメモしておきましょう。

Work 2　時間と役割について、あなたの現実と理想を考えてみましょう。

(A) 現在は、どう過ごしていますか。　（現実：現在）
(B) 実際は、どう過ごしたいですか。（理想：現在）
(C) 社会人になったら、どう過ごしたいですか。　（理想：未来）

	(A)	(B)	(C)
家族と過ごす時間（子供・家庭人）	%	%	%
勉強時間（学生）	%	%	%
部活・遊びの時間（余暇）	%	%	%
ボランティア・社会貢献等（市民）	%	%	%
アルバイト時間（労働者）	%	%	%
合　　計	100 %	100 %	100 %

川﨑・伊藤・菊池・堀田・安川・山本公子・山本千晶（2011）『私の仕事　第2版』関西大学出版部を参考に筆者作成

(A)(B)(C) を記入してみて、いかがでしたか。自分の役割と時間について気づいたこと、感じたことをまとめてみましょう。

Work 3 これまでの Work から、自己紹介メモを作成してみましょう。

第 3 章

4つの心の窓から見る自分
——ジョハリの窓——

はじめに

　自己紹介で「自分らしさ」を語ろうとして、「らしさってなんだろう？」と不思議に思った人もいたかもしれません。自分の全てを一人で理解することは難しく、他者の目を通して初めて自分を知るということが多々あります。自分を理解するためには、他者との関係を通して認識を深めていくことも大切なのです。この章では、「ジョハリの窓」というフレームワークを使って、さらに自己理解を深めていきましょう。

① ジョハリの窓

　「ジョハリの窓」は、アメリカの心理学者ジョセフ・ラフト（Joseph Luft）氏とハリー・インガム（Harry Ingham）氏が 1955 年に発表した対人関係における気づきのモデルであり、二人の名前を取って「ジョハリの窓」と言います。

　ジョハリの窓では、**図 3-1** のように横軸を「自分が自分について知っている／知らない」に、縦軸を「他者があなたについて知っている／知らない」に分け、人の心の中を「4つ窓」としてその領域を表しています。それぞれの領域についてみていきましょう。

Ⅰ）開かれた窓（Open Window）「自分も他者も知っている」領域

　この領域は、お互いに分かり合えている部分を表していますので、相手との関係性によって大きさが変わります。共有情報が少ない初対面の場合、「開かれた窓」の領域は小さく、共有情報が増えていくと、「開かれた窓」の領域がだんだんと広がっていきます。

Ⅱ）盲点の窓（Blind Window）「自分は気づいていないが他者は知っている」領域

　自分では気づいていないけれど、他者からは知られている（見られている）という部分です。ちょっとした癖などは自分では気づきにくいため、他者から指摘を受けないと修正することができません。また、気づいていない強みは、積極的に伸ばすことが難しいということになります。

自分が自分について		
	知っている	知らない
他者があなたについて　知っている	Ⅰ 開かれた窓 Open Window	Ⅱ 盲点の窓 Blind Window
他者があなたについて　知らない	Ⅲ 隠された窓 Hidden Window	Ⅳ 未知の窓 Unknown Window

図 3-1　ジョハリの窓

出典：Luft, J., & Ingham, H. (1961). The Johari Window: A Graphic Model of Aware-ness in Interpersonal Relations. *Human Relations Training News* をもとに筆者作成

Ⅲ）隠された窓（Hidden Window）「自分は知っているが他者は知らない」領域

　悩んでいることがあっても、人に話したくないこともあると思います。自分の意見や感情をストレートに伝えられないこともあります。このような場面では、相手にはあなたの本心は伝わらず、隠されていることとなります。

Ⅳ）未知の窓（Unknown Window）「自分も他者も知らない」領域

　わたしたちの中には、たくさんの「自分」がいます。自分も他者も気づいていない領域が「未知の窓」です。まだ「誰も知らない自分」なのですから、その自分に秘められた可能性は無限大かもしれません。

② まだ知らない新たな自分に出会おう

　自己理解を深め、まだ知らない自分に出会うためのひとつの方法として、「開かれた窓」を広げていくことが挙げられます。「開かれた窓」が広がれば、お互いの理解が深まり、より自然体であなたらしくいられると同時に、あなたの可能性を秘めた「未知の窓」を開くことにもつながるという考え方です。

　まず、「自己開示」というものが重要になります。初対面の場合、相手に知られていない（知らせていない）「隠された窓」の領域が大きいのですが、会話を重ねていくと、自

分のことを相手に知らせていく「自己開示」が行われます。結果、「開かれた窓」が大きくなっていきます。

　次に、自己開示を行うことによって期待されるのが、他者からの「フィードバック」です。フィードバックとは、相手について気づいたことや感じたことをその相手に伝えることです。他者からは、自分では気づいていない態度や言動などがよく見えていることがあるので、それをフィードバックとして伝えてもらうのです。そうすると、自分では気づいていない部分を知ることができ、「開かれた窓」をより大きく広げることができます。それは、今まで知らなかった自分との出会いや、新しい可能性の発見にもつながるのです。

本章のポイント！

> 1．自分のことを自分から発信してみよう。
> 2．他者を通して自分を知ろう。
> 3．まだ知らない自分に出会おう。

Work 1 「わたし」を「自分」と「他者」の視点から理解しましょう。

Q1　自己紹介を考えてみましょう。

Q2　Work 2 をやってみて気づいたこと、感じたことを記入しましょう。

Work 2 テーマに沿って、グループ内で自分について話をします。

・話し終わった後、自分に当てはまると思う項目5つに〇をつけてください。

・話を聴いていたメンバーは、「話していた人」に当てはまると思う項目5つに〇をしてください（※項目にない表現を使いたい場合は、㉑〜㉓の空欄を使用してください）。

項　目	自　分	さん	さん	さん
① 責任感がある				
② 積極的である				
③ 努力家である				
④ 感性が豊かである				
⑤ 柔軟性がある				
⑥ 優しい				
⑦ 面白い				
⑧ 明るい				
⑨ マイペース				
⑩ 落ち着いている				
⑪ リーダーシップがある				
⑫ 一緒にいて楽しい				
⑬ 向上心がある				
⑭ 信念がある				
⑮ チャレンジャーである				
⑯ 気配りができる				
⑰ 誠実である				
⑱ テキパキしている				
⑲ 親しみやすい				
⑳ 知性的である				
㉑				
㉒				
㉓				

第4章

わたしのストーリー
──キャリア・リフレクション──

はじめに

　生まれてから今まで、あなたはどの様な景色を見てきましたか。日本には四季があり、それぞれの季節にそれぞれの色があります。冬の寒さに耐えたあなたは一回り大きく、たくましくなって、暖かな春を迎えているのではないでしょうか。

　これまでの人生を振り返ったとき、あなたにはあなたが紡ぐ四季の物語があったはずです。努力が実った嬉しい経験もあれば、届かなかった悔しさに涙した経験もあるでしょう。そうした経験のひとつひとつに、あなたを成長させる種となるものや、駆り立てるエネルギーがあったはずです。未来を考えるのは、今のあなたです。これからの人生を彩りあるものにするために、あなたのストーリーを振り返ってみましょう。そして、そこから未来を創造する手がかりを探してみてください。

① ライフテーマとストーリー

　スーパーの弟子のマーク・サビカス（Mark Savickas）は、キャリア構築理論を提唱しました。キャリア構築理論は、職業やキャリアを「選ぶ」「決める」ことよりも「つくりあげる」ことを強調し、キャリアの主観的-価値的な側面を大切にした理論（川﨑,2018）です。サビカスは過去の経験の中に意味を見い出し、これからのキャリアをつくりあげることが重要と考えました。変化の激しい環境に適応しつつも、自分らしさを忘れないで生きていくための理論を考え出したのです。

　キャリア構築理論の主要概念には「職業パーソナリティ[1]」「キャリア・アダプタビリティ[2]」「ライフテーマ」があります。最近の研究では、変化の激しい環境へのキャリア適応となる概念「キャリア・アダプタビリティ」がよく取り上げられています。このテキストでは、自分の軸となる「ライフテーマ」を取り上げてみたいと思います。

　ライフテーマはキャリアにおける「Why」を扱い、あなたの経験を生んだ行動に焦点を当てています。あなたがその行動をとった意味、あなたを駆り立てたものは何かということを解釈し、人とのかかわりを考えていくものです。そのプロセスはストーリーの中で意味づけされ、ライフテーマを明らかにしていくことになります。ライフテーマはあなた

17

という個人が生きていく上で、とても重要なことを示してくれるのです。

　思いがけず起こったことやあなたにとって理不尽に感じられる出来事に、意味を与えるのがストーリーです。例えば山登りの途中、道に迷ってしまったり、水が無くなってしまったり、頂上の寒さに凍えそうになったりしたとき、あなたならどのような行動をとりますか。順調なときよりもずっと、あなたは自分と向き合い、周囲の環境を探索しようとするでしょう。そこにはあなたなりのストーリーが生まれるはずです。こうして経験したストーリーのひとつひとつが、あなたのキャリアを構築していくのです。このキャリアストーリーは、あなた個人を表現するものであり、あなたの未来を描く手助けとなるでしょう。

② キャリアストーリー・インタビュー

　サビカスのキャリアストーリー・インタビューは、ロールモデル、普段読む雑誌やテレビ、好きなストーリー、指針となる言葉、幼少期の思い出といった5つの質問によって構成されています。

　あなたが幼少期に自分のことを我慢して、弟や妹の面倒をみていたとしましょう。あなた自身もまだ親に甘えたい子どもですから、その役割はあなたにとってつらいこともあったかもしれません。それでも、弟や妹から「ありがとう！」と言ってもらえたら、「頑張ってよかった」「誰かの役に立てた」と嬉しくなるのではありませんか。ご褒美にもらったアイスクリームは、いつもよりずっと美味しく感じられるでしょう。あなたは努力が報われるというストーリーを好ましく感じ、努力の大変さと報われたときの喜びを学んでいるということになります。あなたが憧れるロールモデルや、あなたが普段手にしたいと考える情報の中にも、あなたのストーリーがあるかもしれません。

③ あなたのストーリーを振り返ってみよう

　今のあなたをつくったのは、過去の自分自身です。これまでの自分を振り返ることで、新しいあなたが見えてくるかもしれません。例えば好きなストーリーが「最後は大逆転！」というものであったなら、途中の紆余曲折はあなたが最後に微笑むためのプロセスと捉えられるでしょう。いつか大切な人たちと一緒に笑うことができるなら、途中のつらさや苦しさも「今は基礎体力をつけるターンだな」くらいに考えられるのではないでしょうか。

　ストーリーで見つけた発見は、他者の力を借りることでより深めることができます。他者とのコミュニケーションを通して、自分のストーリーを語ってみてください。あなたの行動を決める「軸」となるものを、見つけられると楽しいですね。

本章のポイント！

1. あなたのストーリーからどのような行動が見えるか考えよう。
2. あなたの行動の意味を知ろう。
3. あなたが大切にしているものに気づこう。

注

1)　職業パーソナリティ：人は職業的な興味を表現する際、職業用語を用いてどんな人間かを表現するとし、キャリアに関連した能力、欲求、価値観、興味などによって定義される（堀越，2007）。

2)　キャリア・アダプタビリティ：新しい環境や変化していく環境に適応するために、大きな困難なく変化できる性質のこと（Savickas, 1997）。坂柳他（2017）によれば、「現在および今後のキャリア発達課題、職業上のトランジション、そしてトラウマに対処するためのレディネスおよびリソース」とされている。

	小学生未満	小学生	中学生
＋			
－			

Work 1 これまでの人生ストーリーを振り返ってみましょう。主観的に見て、納得感の高い頃（良かったと感じているプラス時期）と、低い頃（あまり良くなかったと感じているマイナス時期）を記入してください。感じているイメージを上の表に曲線で表現してみましょう。

印象に残っている出来事

得られたこと・学んだこと

Work 2 以下について記入してみましょう。

Q1 憧れていた人・尊敬していた人（ロールモデル）

ロールモデル：サビカスは、ロールモデルを人が自分自身を設計するための青写真や原型という深い意味があると述べている。国内では、「個人が人生の中で職業や生き方・人生について考える際、影響を受け、参考にしたあるいは参考にしたいと思う人物」（溝口・溝上, 2020）と定義される。

高校生	専門学校生・短大生・大学生など

Q2　よく読む雑誌やよく見るテレビ、ユーチューブなど

Q3　本、映画などの好きなストーリー

Q4　指針となる言葉

Q5　幼少期の思い出

第 5 章

対人コミュニケーションとストレス
──心と体を整えよう──

はじめに

　ストレス（Stress）とはどんなものでしょうか。学問的に確立された定義はありませんが、ハンス・セリエ（Hans Selye）博士は「有害な刺激形態（心理的脅威を含む）に対する身体的防衛の総集した形」（ラザルス＆フォルクマン，1984：本明・春樹・織田監訳 1991）とし、ストレスを単純に悪とするのではなく、「人生のスパイス」と考えました。

　ストレスにはストレッサーというストレスの要因になる刺激と、ストレッサーによって引き起こされる反応があり、これらを総称してストレスと呼んでいます。刺激ですから、少なすぎると味気なくて食べる気になれず、多すぎると辛すぎて食べられないということなのでしょう。

　料理で味の加減を整えるように、ストレスを完全に排除するのではなく、より良い刺激になるようにしていくことが重要なのです。社会に出ていけば、多くの人とコミュニケーションを取ることになります。強いストレスを抱えた状態だと、イライラして言い過ぎたり、必要以上に相手の言動を気にしたりしてしまい、心が疲れ切ってしまいます。さらに信頼関係にひびが入ってしまうため、ますます心身のバランスを崩すという悪循環に陥ってしまうのです。このように、心身の健康はコミュニケーションにおいて、とても大切なことと言えるでしょう。

① チームワークに必要な力

　経済産業省が提唱している社会人基礎力（図 5-1、5-2）の 3 つの能力のひとつに「チームで働く力」（チームワーク）があります。そして、そのうちのひとつにストレスコントロール力があります。

　職場や地域社会で多様な人々とかかわり、仕事をしていくことは、やりがいや働きがいがある一方、ストレスも抱えることになります。チームで働く力はまさに、コミュニケーション力と言っても過言ではありません。本章ではストレスコントロール力を身につけるために、セルフケアについて学んでいきましょう。

経済産業省が主催した有職者会議により職場や地域社会で多様な人々と仕事をしていくために必要な基礎的な力を「社会人基礎力（=3 つの能力・12 の能力要素）」として定義。

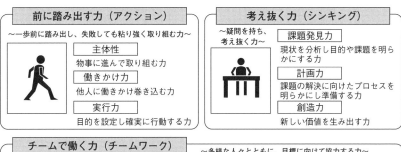

前に踏み出す力（アクション）
～一歩前に踏み出し、失敗しても粘り強く取り組む力～

主体性
物事に進んで取り組む力

働きかけ力
他人に働きかけ巻き込む力

実行力
目的を設定し確実に行動する力

考え抜く力（シンキング）
～疑問を持ち、考え抜く力～

課題発見力
現状を分析し目的や課題を明らかにする力

計画力
課題の解決に向けたプロセスを明らかにし準備する力

創造力
新しい価値を生み出す力

チームで働く力（チームワーク）
～多様な人々とともに、目標に向けて協力する力～

発信力	自分の意見をわかりやすく伝える力
傾聴力	相手の意見を丁寧に聴く力
柔軟性	意見の違いや立場の違いを理解する力
状況把握力	自分と周囲の人々や物事との関係性を理解する力
規律性	社会のルールや人との約束を守る力
ストレスコントロール力	ストレスの発生源に対応する力

図 5-1　「社会人基礎力」とは

出典：経済産業省「社会人基礎力」https://www.meti.go.jp/policy/kisoryoku/（2023 年 7 月 8 日閲覧）

「人生 100 年時代の社会人基礎力」は、これまで以上に長くなる個人の企業・組織・社会との関わりの中で、ライフステージの各段階で活躍し続けるために求められる力と定義され、社会人基礎力の 3 つの能力／ 12 の能力要素を内容としつつ、能力を発揮するにあたって、自己を認識してリフレクション（振り返り）しながら、目的、学び、統合のバランスを図ることが、自らキャリアを切りひらいていく上で必要と位置付けられる。

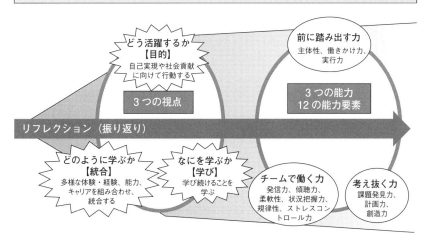

図 5-2　「人生 100 年時代の社会人基礎力」とは

出典：図 5-1 と同

23

② セルフケアとは

　セルフケアとは一般的に「自分の健康を自分で守ること」と捉えられています。人が活動するために必要なエネルギーが、ガソリンのタンクのように貯蔵されていると想像してみてください。ストレスに対処するためにエネルギーを消耗すれば、当然タンクのエネルギーは減ってしまいます。エネルギーが少ない状態で無理を重ねると、車がガス欠を起こしてストップするように、人も動くことができなくなってしまうのです。

　ストレス反応には心理面の反応、身体面の反応、行動面の反応の３つがあります。あなたはストレスを抱えたとき、「いつもと違う自分」がどのような反応をしているか、気づけているでしょうか。もちろん、過重労働やハラスメントなど、組織として対処しなければならないこともありますが、ここでは自分でできる「セルフケア」について学び、実践していきましょう。

ストレス反応の例

● **心理面の反応**
　活気の低下、イライラ、不安、抑うつ（気分の落ち込み、興味・関心の低下）など

● **身体面の反応**
　体のふしぶしの痛み、頭痛、肩こり、腰痛、目の疲れ、動悸や息切れ、胃痛、食欲低下、便秘や下痢、不眠など

● **行動面の反応**
　飲酒量や喫煙量の増加、仕事でのミスや事故、ヒヤリハットの増加など

　　　出典：厚生労働省「こころの耳　働く人のメンタルヘルス・ポータルサイト」https://kokoro.mhlw.go.jp/
　　　listen_001//（2023年11月2日閲覧）

---

③ ストレス反応への気づきと対処

　車やバイクを運転しているとき、目の前にボールを追いかける子どもが走ってきたら、あなたはどうしますか。突然のことに慌てながらも、急いでブレーキを踏んだり、ハンドルをきったりするのではないでしょうか。

　これはあなたがきちんと観察をしていたことによって、目の前に迫った危険に気づき、必要な対処ができたということになるのです。健康においても同じことで、どのようなストレス反応が生じているのかを観察し、自分の傾向（パターン）をつかむことでストレス

に気づきやすくなります。早く気づくことができれば、事故を起こさずに済むように、ストレス対処もしやすくなるというわけです。

ストレス対処にはさまざまな方法があり、「ストレスコーピング」と呼ばれています。後述の例を参考にして、ストレスコーピング（ストレス対処法）の幅を増やしておきましょう。対処法が偏っていると、その対処でうまくいかないときに困ってしまいます。複数の対処法をうまく組み合わせることで、ストレスを軽減することができるはずです。

さまざまなストレスコーピング

ストレスコーピングは考え方によって切り口や種類が異なりますが、共通するものを次のようにまとめることができます（大阪商工会議所，2009）。

・問題焦点型コーピング

直面している問題に対して、自分の努力や周囲の協力を得て解決に向けて対策を立てる対処行動のことです。自分の能力の限界を知り、交代してもらうなどの回避行動も、広い意味で問題焦点型コーピングに含まれます。

・情動焦点型コーピング

取り返しのつかない失敗や大切な人の喪失など、どうにもならない感情を聴いてもらうことで表出し、気持ちの整理をする対処行動のことです。

・認知的再評価型コーピング

直面している問題に対して、ものの見方や発想を変えて前向きに捉え直すことや、距離を置く、認知の仕方を再検討するなど、新しい適応の方法を探す対処行動のことです（感情発散型と感情抑圧型がありますが、ここでは感情発散型のみ紹介しています）。

・社会的支援型コーピング

問題に直面したときに社会的支援を求める対処行動です。家族や友人、先生やカウンセラーなど周囲の信頼できる人に話すことで気持ちが楽になり、心理的安定を得る情動焦点型コーピングにつながる場合と、アドバイスを受けることで問題焦点型コーピングにつながる場合があります。

・気晴らし型コーピング

運動、趣味、レジャー、カラオケ、温泉浴など、ストレス解消法と呼ばれ、気分転換や

リフレッシュにより、日常の苛立ちなどによるストレス解消に対して有効な対処行動です。

・その他

　リラクゼーション法、ヨガ、座禅など。

⑤ 問題を分解し、優先順位をつけて対処しよう

　社会に出れば、多くの人との新しい出会いがあります。そこには人生を実りあるものにしてくれる素敵な出会いもたくさんあることでしょう。一方で、仕事上の利害関係やトラブルに巻き込まれるなど、人間関係が悪化してストレス蔓延状態になることもあるかもしれません。ストレスを抱えるような問題が起こったときは、さまざまなストレスコーピングを使いながら、問題を分解してみましょう。そして、いきなり最終の問題解決を目指すのではなく、分解した問題に優先順位をつけて、ひとつひとつ、つぶしていくのです。目の前の問題が解決すれば、次の問題も解決しやすくなります。目の前の視野が広がることで、真っ暗のように思えた先にも光を感じることができるのではないでしょうか。

⑥ ソーシャルサポート（社会的支援）の活用

　ソーシャルサポートは、周囲の人たちからの支援のことを言います。優先順位をつけて問題に対処する際、困難をひとりで抱え込まないようにしてください。苦しいときに適切に援助を要請できることも、コミュニケーションにおける大切な能力のひとつなのです。一般的には「援助希求能力」と呼ばれますが、自分の限界を知り、親しい人や専門家の力を早めに借りることで、ストレス反応は軽減されます。援助希求能力の発揮も、健全なコミュニケーションにおける心得のひとつと心得えましょう。

ソーシャルサポートの種類

情緒的サポート：相手からの共感や愛情を自覚できるようなサポート

評価的サポート：適切な評価を受ける、賞賛してもらうことで得られるサポート

情報的サポート：問題解決に有用な情報、知識の提供を受けるなどのサポート

手段的サポート：金銭の援助、手伝いなどによるサポート

親交的サポート：一緒におしゃべりをする、食事をするなどのサポート

出典：大阪商工会議所編（2009）『メンタルヘルスマネジメント検定試験公式テキストマスターコース第2版』中央経済社

本章のポイント！

1. いつもと違う自分に気づこう。
2. ストレス対処の知識を身につけよう。
3. 問題を分解し、優先順位をつけよう。
4. 援助希求能力を発揮し、必要なサポートを受けよう。

ここをチェック！

　心と体を整えるメンタルヘルス、セルフケアについて 5 分〜 15 分で学べる無料サイトがあります。厚生労働省の「こころの耳」は無料のコンテンツ（動画・事例・チェックシートなど）を多数掲載しています。各種相談窓口も紹介されていますので、サポート資源として是非ご利用ください。

出典：働く人のメンタルヘルス・ポータルサイト「こころの耳」https://kokoro.mhlw.go.jp/

Work 1 ストレスが溜まったときのことを思い出してください。自分で気づいていなくても、ストレス反応は出ているものです。思いつくストレス反応を記入してみましょう。

Work 2 あなたはストレスがたまったとき、どのような対処をしていますか。あなたのストレスコーピングを記入しましょう。

あなたのストレスコーピングは、以下のどれに該当しますか。□にチェックを入れましょう。
- □ 問題焦点型コーピング
- □ 情動焦点型コーピング
- □ 認知的再評価型コーピング
- □ 社会的支援型コーピング
- □ 気晴らし型コーピング
- □ その他

ここをチェック！

　円滑なコミュニケーションには、ストレスとうまく付き合うことが必要になってきます。心と体を整えるためには生活習慣を整えることが大切です。心身の疲労を回復する「睡眠」を見直してください。

健康づくりのための睡眠指針
～睡眠12箇条～

睡眠には、心身の疲労を回復する働きがあります。
あなたの睡眠は心地よいものですか？

第1条
良い睡眠で、
からだもこころも健康に。

良い睡眠で、からだの健康づくり
良い睡眠で、こころの健康づくり
良い睡眠で、事故防止

第2条
適度な運動、しっかり朝食、
ねむりとめざめのメリハリを。

寝つきをよくするために、寝酒をする人がいますが、お酒は睡眠を浅くするため、熟睡感が得られません。
ニコチンやカフェインには、覚醒作用があるため、就寝前の喫煙やコーヒー・紅茶等の摂取を避けましょう。

第3条
良い睡眠は、生活習慣病予防
につながります。

睡眠不足や不眠は、生活習慣病発症の危険を高めます。
睡眠時無呼吸症候群の予防のために、肥満にならないことも大切です。

第4条
睡眠による休養感は、
こころの健康に重要です。

眠れない、睡眠による休養感が得られないのは、こころのSOSの場合があります。
睡眠による休養感がなく、日中もつらい場合、うつ病の可能性も。

第5条
年齢や季節に応じて、
ひるまの眠気で困らない程度の
睡眠を。

睡眠時間は加齢に伴い、徐々に短縮します。
必要な睡眠時間は人それぞれです。
日中に、眠気で活動に支障がでない程度の睡眠が一番です。

第6条
良い睡眠のためには、
環境づくりも重要です。

温度や湿度は、季節に応じて、心地よいと感じられる程度に調整しましょう。
意識的に体をリラックスさせることで、気持ちもリラックスし眠りに入りやすくなります。

第7条
若年世代は夜更かし避けて、
体内時計のリズムを保つ。

朝、目が覚めたら日光を浴び、体内時計をリセットしましょう。遅くまで寝床で過ごすと夜型化を促進します。
寝床に入って携帯電話、メール、ゲームなどに熱中すると目が覚めてしまい、夜更かしの原因になります。

第8条
勤労世代の
疲労回復・能率アップに、
毎日十分な睡眠を。

睡眠不足は仕事の能率を低下させるだけでなく、ヒューマンエラーの危険性を高めます。
睡眠不足が長く続くと、疲労回復に時間がかかります。睡眠不足による疲労の蓄積を防ぐためには、毎日必要な睡眠時間を確保することが大切です。
夜間に必要な睡眠が確保できなかった場合、午後の早い時刻の短い昼寝が能率改善に効果的です。

第9条
熟年世代は朝晩メリハリ、
ひるまに適度な運動で良い睡眠。

長い時間眠ろうと、寝床で過ごす時間を必要以上に長くすると、かえって睡眠が浅く、夜中に目覚めやすくなります。
日中にしっかり目覚めて過ごせているようであれば、適切な睡眠時間は確保できていると考えられます。

第10条
眠くなってから寝床に入り、
起きる時刻は遅らせない。

無理に眠ろうとすると、かえって緊張を高め、目がさえてしまいます。
寝床についても30分以上眠れない場合は、一旦寝床をでて気分転換をし、眠気がでてから再度寝床につきましょう。

第11条
いつもと違う睡眠には、
要注意。

睡眠中の激しいいびき・呼吸停止、手足のぴくつき・むずむず感や歯ぎしりは要注意です。
眠っても日中の眠気や居眠りで困っている場合は専門家に相談しましょう。

第12条
眠れない、
その苦しみをかかえずに、
専門家に相談を。

寝つけない、熟睡感がない、十分に眠っても日中の眠気が強いことが続くなど、睡眠に問題が生じて、自らの工夫だけでは改善しないと感じたときには、早めに専門家に相談することが重要です。睡眠薬は、専門家の指示で使用しましょう。

図 5-3　健康づくりのための睡眠指針「睡眠 12 箇条」

出典：厚生労働省（2014）「健康づくりのための睡眠指針」さいたま市健康なび kenkonavi.jp/kyuuyou/kyuuyou02.html#tab/
（2023年11月2日閲覧）

その見方、本当？
──ABCDE 理論──

はじめに

　第6章では、「認知的再評価型コーピング」（発想の転換）などで使用するアルバート・エリス（Albert Ellis）のABC理論、ABCDE理論について、学習していきましょう。

　何か出来事に遭遇したとき、人はその事実を「きっとこうだろうな」と自分なりに解釈しています。例えば冬の雨の日、傘をさしながらマスクをしてキャンパスで友人とすれ違ったとします。あなたが「おはよう！」と挨拶をしたのに、友人が何も言わずにそのまま行ってしまったら、あなたはどのように感じるでしょうか。「せっかく自分から挨拶したのに、無視された！」と感じて、腹が立ったり、落ち込んだりするかもしれません。

　では、事実としてはどうだったのでしょうか。あいさつしたあなたに対して、友人はただ反応をしなかっただけなのです。つまり、「無視された」ことが事実かどうかは、まだわからないということになります。それなのに、なぜ「無視された」と感じて、怒ったり、落ち込んだりする感情が生まれるのでしょう。そこには「事実をどう受け止めたか」という、受け止め方や考え方（Belief）が関係しているのです（図6-1）。

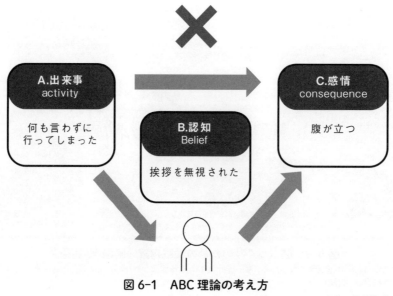

図 6-1　ABC 理論の考え方

出典：筆者作成

① ABC 理論・ABCDE 理論

　エリスが提唱した心理療法（Rational-Emotive-Behavioral Therapy）では、人の感情（Consequence：C）は生じた出来事（Activating Event：A）が引き起こすのではなく、その出来事の受け止め方や考え方（Belief：B）によって生じていると考えています（**図 6-1**）。

　つまり、出来事という事実ではなく、自分自身の非論理的な信念（Irrational Belief）による受け止め方が、不快な感情をもたらしているということです。上記の例でいえば、無視されたわけでもないのに怒りや落ち込みという感情に支配され、その日一日の気分を台無しにしてしまうということになります。また、不快な感情が続いたことで、友人との信頼関係が悪化してしまう可能性もあるかもしれません。コミュニケーションは信頼関係が重要ですから、一方的に不快な感情に支配されるのは避けたいものです。

ABCDE 理論

（A）生じた出来事（Activating Event）　→　事実は何か

（B）信念や考え（Belief）　→　非論理的な信念（Irrational Belief）はあるか

（C）結果として起こる感情など（Consequence）　→　どんな結果が起こったか

（D）反論（Dispute）　→　非論理的な信念（Irrational Belief）の非現実性を指摘

（E）効果（Effectiveness）　→　不快な感情に対する効果はあるか

　「挨拶をしたのに無視をされて落ち込んだ」という例題で言うと、「無視された」というのが、非論理的な信念（Irrational Belief）かもしれません。傘をさしてマスクをしていたため、顔がよく見えなかったのかもしれませんし、雨の音であなたの声が聞こえなかったのかもしれません。これが（D）反論（Dispute）ということになります。その（E）効果（Effectiveness）として、あなたの感情はどう変化するでしょうか。友人があなたを無視したわけではないのだとしたら、あなたの不快な感情は軽減するのではありませんか。

② リフレーミング（reframing）

　あるフレーム（枠組み）で捉えている物事を異なるフレームとしてつくり直し、新しい捉え方をすることを「リフレーミング」と言います。これは非論理的な信念（Irrational Belief）を見つけるのではなく、異なる視点や別の角度から見ていくことで解釈や意味を

変え、自分や他者の生き方を健全なものにしていくポジティブなアプローチ（西尾, 2012）です。

　人の受け止め方や考え方はさまざまです。「あの人はケチだなぁ」と思われている人も、別の見方をすれば「物を大切にする人」なのかもしれません。自分の持つ枠組みが自分の感情を不快にするときには、一度見方を変えるリフレーミングをしてみませんか。

本章のポイント！

1．感情は出来事ではなく、受け止め方（信念）が引き起こしている。

2．自分の中にある非論理的な受け止め方（信念）に気づこう。

3．感情はコントロールできることを学ぼう。

Work 1 あなたは全国大会の試合の猛練習中です。担任の先生から「次の試合、頑張れよ」と声をかけられました。

　この時、あなたが感じる C：感情は①〜③のどれに近いですか。また、その際の B：受け止め方についても考えてみましょう。

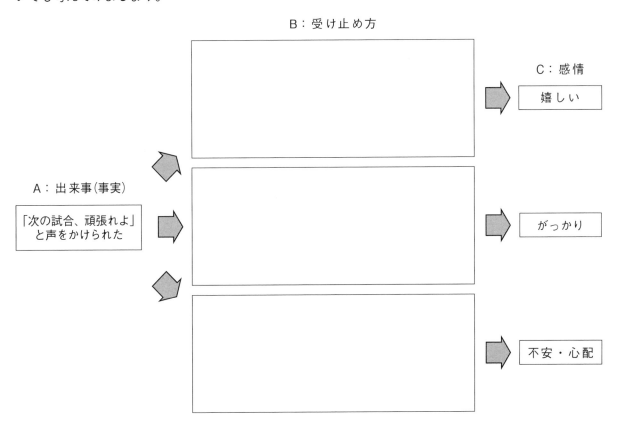

B：受け止め方

A：出来事（事実）

「次の試合、頑張れよ」
と声をかけられた

C：感情

嬉しい

がっかり

不安・心配

　あなたは練習の成果が出ずに焦っていたため、「先生はわかっていない」と感じてイライラしました。反論（D）をして、効果（E）を検証してみましょう。

D：反論

E：効果

左の段のリフレーミングを参考に、右の段の空白（長所）を埋めてください。

短　所	長　所（参考例）	短　所	長　所
群れたがる	友情に厚い	せっかち	
おしゃべり	社交的・話し好き	優柔不断	
ケチ	物を大切にする	頑固者	
負けず嫌い	向上心がある	浪費家	
理屈っぽい	論理的	断れない	
おとなしい	穏やかな	おおざっぱ	
行き当たりばったり	臨機応変	融通が利かない	
人まかせ	甘え上手	反抗的	
ミーハー	流行に敏感	夢がない	
厳しい	責任感が強い	面倒くさがり	
平凡	常識人	空気が読めない	
口下手	寡黙・人の話を聴く	強引	

あなたの短所（一つ記入）

リフレーミング（長所）

リフレーミングした結果をふまえて、あなたの自己紹介文を作成してみましょう。

第7章

自分のコミュニケーションパターンを知る
──交流分析：エゴグラム──

はじめに

　人は、コミュニケーションを通して、その人固有の考え方、気持ち、行動様式などを理解し合います。しかし、いつもお互いに理解し合えるわけではありません。例えば、意見が対立したり、一緒にやりたいことが合わなかったりすることがあります。その結果、その人との心の距離が遠くなってしまうこともあるでしょう。反対に、一時的に喧嘩してしまった後、これまで以上に親密になることもあるでしょう。

　小手先のテクニックだけでは、お互いに深く理解し合い、信頼関係を築くことはできません。自分も他者も心の中で何を思い、感じ、どうしたいのか、またはしたくないのかなど、深く理解しようと努力することが大切です。

　そもそも、なぜ人は対立したり、親密になれたりするのでしょう。本章では自分の性格上の特徴に気づき、他者との人間関係をうまくコントロールできるよう、自分も他者も尊重した人間関係を築いていく手がかりを学びます。

① エゴグラムとは

　「エゴグラム」（Egogram）は、エリック・バーンが開発した交流分析（TA：Transactional Analysis）を直弟子のジョン・デュセイが考案したチェックリスト形式のテストです。"エゴ"は自我、"グラム"は図を意味していて、心の指紋とも言われます。エゴグラムは、自分の行動の特徴や性格傾向を実際にグラフにして、目で見ることができるので、自分のコミュニケーションパターンを知ることができます。

② 自分の中の〔3つの自我状態〕

　人の心の中には〔3つの自我状態〕「P＝親の心」、「A＝大人の心」、「C＝子供の心」が存在していると仮定します。自分の心を分析する際に一番大切なことは、「今、ここ」で自分がどのような状態であるかに気づくことで、さまざまな状況に合わせて自分を自由に切り替えていくことができるようになることです。

③ 〔3つの自我状態〕と〔5つの機能〕

　〔3つの自我状態〕はさらに機能的側面から5つの機能（「CP＝批判的な親」、「NP＝保護的な親」、「A＝大人」、「FC＝自由な子ども」、「AC＝従順な子ども」）に分けることができます（**図7-1**）。自分の心を分析する際に大切なことは、この〔5つの機能〕がどのようなバランスにあるかを知り、さまざまな状況の中で適切に働けるようになることです。

　全ての自我状態の中から自分で選択し、使うことができる、すなわちどの自我状態も使うことに困難を感じることなく自由に使えることが健康な状態だといえます。
　「あなたはゲームを貸していた友人から、ゲームを失くしてしまったので返せないと言われてしまいました。」

質問1 そのときあなたは、どのような反応をするでしょうか。　⇒　〔3つの自我状態〕

質問2 あなたはどのような気持ちが働くでしょうか。　⇒　〔5つの機能〕

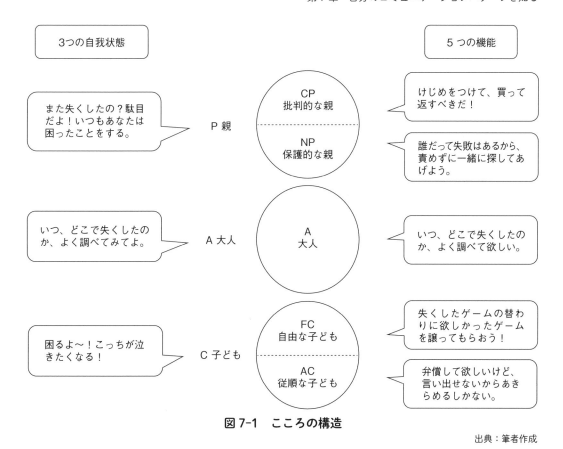

図 7-1　こころの構造

出典：筆者作成

本章のポイント！

1．自分を構成する自我状態〔3 つの自我状態〕と〔5 つの機能〕について理解しよう。

2．エゴグラムを活用して、自分のコミュニケーションパターンについて理解しよう。

3．自分の行動の特徴や性格傾向の良い点と改善点を知り、よりよい人間関係の持ち方を見つけよう。

　自分が CP、NP、A、FC、AC のそれぞれの自我状態にどれ程多くのエネルギーを使っているかを知る手がかりとして「エゴグラム」があります。

　50 の質問に対して、「はい」2 点、「いいえ」0 点、「どちらとも言えない」1 点を右枠の中に記入してください。すべてに回答したら、CP、NP、A、FC、AC それぞれ 5 つの合計点を出してください。

エゴグラムシート

CP	1	人の言葉をさえぎって、自分の考えを述べる事はありますか。		合計
	2	他人を厳しく批判するほうですか。		
	3	待ち合わせ時間を厳守しますか。		
	4	理想を持って、その実現のために努力しますか。		
	5	社会の規則、倫理、道徳などを重視しますか。		
	6	責任感を人に強く要求しますか。		点
	7	小さな不正でも、うやむやにしないほうですか。		
	8	部下や後輩の教育は、厳しくすると思いますか。		
	9	「男は…」「女は…」こうあるべきだと考えますか。		
	10	「…すべきである」「…ねばならない」という言い方をよくしますか。		
NP	11	他人に対して思いやりの気持ちが強いほうですか。		合計
	12	義理と人情を重視しますか。		
	13	相手の長所によく気がつくほうですか。		
	14	相手の喜ぶことならば何とかやってあげたい方ですか。		
	15	子どもや他人の世話をするのが好きですか。		
	16	融通が利くほうですか。		
	17	他の人の失敗に寛大ですか。		
	18	相手の話に耳を傾け、共感するほうですか。		点
	19	料理、洗濯、掃除などの家事は好きなほうですか。		
	20	かわいそうな人を見ると、ほうっておけないですか。		
A	21	自分の損得を考えて行動するほうですか。		合計
	22	会話で感情的になることは少ないですか。		
	23	物事を分析的によく考えてから決めますか。		
	24	他人の意見は、賛否両論を聞き、参考にしますか。		
	25	自分の生活パターンは乱されたくない方ですか。		
	26	情緒的というよりは、理論的なほうですか。		
	27	物事の決断を苦労せずに、すばやくできますか。		
	28	能率的にテキパキと仕事を片づけていくほうですか。		点
	29	先（将来）のことを冷静に予測して行動しますか。		
	30	身体の調子の悪い時は、自重して無理を避けますか。		

FC	31	自分をわがままだと思いますか。		合計
	32	好奇心が強いほうですか。		
	33	娯楽、食べ物など満足するまで求めますか。		
	34	言いたいことを遠慮なく言ってしまうほうですか。		
	35	欲しいものは、手に入れないと気がすまないほうですか。		
	36	恋愛中は相手にできるだけ会いたい方ですか。		
	37	直感で判断するほうですか。		
	38	興にのると度を越し、はめを外してしまいますか。		点
	39	怒りっぽいほうですか。		
	40	涙もろいほうですか。		
AC	41	思っていることを口に出せない性質ですか。		合計
	42	人から気に入られたいと思いますか。		
	43	世間体を気にして行動を抑える方ですか。		
	44	自分の考えをとおすより、妥協することが多いですか。		
	45	他人の顔色や、言うことが気にかかりますか。		
	46	つらい時には、我慢してしまうほうですか。		
	47	他人の期待に添うよう、過剰な努力をしますか。		
	48	自分の感情を抑えてしまうほうですか。		点
	49	劣等感が強いほうですか。		
	50	現在「自分らしい自分」「本当の自分」から離れているように思えますか。		

出典：倉成宣佳（2015）『交流分析にもとづくカウンセリング』ミネルヴァ書房、福島寛（2001）『新版 性格のバイブル──エゴグラム式性格診断の本──』ダイヤモンド社

CP、NP、A、FC、AC それぞれ5つの合計点を折れ線グラフにしてください。

	CP	NP	A	FC	AC
	厳格	共感的	客観的	天真爛漫	協調的

20					
19					
18					
17						◀ 高
16					
15					
14					
13					
12					
11					
10						◀ 中
9					
8					
7					
6					
5					
4						◀ 低
3					
2					
1					
0					

	おっとり	淡泊	主観的	控え目	マイペース

エゴグラムの読み取りのポイント

① 自分のエゴグラムで、一番高いところはどこですか。　　（　　　　　）

② 自分のエゴグラムで、一番低いところはどこですか。　　（　　　　　）

自分のコミュニケーションの特徴は

　エゴグラムチェックリストの結果と、〔3つの自我状態〕と〔5つの機能〕を踏まえて、自分のコミュニケーションの特徴を考えてみましょう。

エゴグラムを変えるポイント ——自己変容・人間的な成長のために——

得点が高い

	CP	NP	A	FC	AC
アドバイス	余分な力を抜き生活を楽しむ／相手の立場を認める気持ちの余裕を持つ	周囲や出来事を、できるだけ客観視し、おせっかいや過干渉を慎む	周囲との協調を心がけ、自分の判断だけで行動しないようにする	気分を安定させ、できるだけ冷静さを心がける	悩むよりもまず行動してみることで、自信をつけていく
プラス面	・強い責任感 ・理想が高い ・妥協を許さない ・約束を守る ・自分の価値観や考えに自信がある	・人に共感的 ・思いやりがある ・寛容 ・世話好き ・自分よりも相手を大切にする	・現実思考 ・分析的な思考 ・冷静な計算 ・事実に基づく判断する ・知性・理性的	・天真爛漫 ・明るく開放的 ・自由な感情表現が出来る ・直観的 ・創造的	・協調性がある ・感情の抑制 ・他人の期待に沿う努力をする ・我慢する ・妥協する
マイナス面	・非難、叱責 ・強制、権力的 ・干渉、排他的 ・価値観を押し付ける	・おせっかい ・過保護 ・人を甘やかす ・他人の自主性を損なう	・自己中心的 ・情緒に欠ける ・計算高い ・可愛げがない	・傍若無人 ・衝動的 ・わがまま ・無責任	・主体性の欠如 ・消極的で遠慮がち ・自分の意見が言えない

得点が低い

	CP	NP	A	FC	AC
プラス面	・温和な性格 ・友好的 ・他人を批判しない ・こだわらない	・人間関係が淡白 ・さっぱりしている ・マイペース	・主観的 ・人間味がある ・素朴、純粋 ・屈託がない	・控え目 ・慎重 ・調子に乗らない ・感情的でない	・マイペース ・自主性がある ・活発、積極的 ・自分の意見を言う
マイナス面	・無責任 ・ノーとはっきり言えない ・物事にルーズ ・計画性がない	・同情心や思いやりに欠ける ・人に共感しにくい ・冷淡になる	・現状分析が甘い ・現実離れした考えを持つ ・混乱しやすい	・無気力 ・自己表現が苦手 ・萎縮している ・常に静か	・協調性を欠く ・反抗的で周囲の意見に耳を貸さない ・気配りの不足
アドバイス	自分の立場や役割を考え、自分の意見を主張し、行動する	他人に感心を持つようにし、相手に思いやりを持つ努力をする	客観的な視野と考え方をするよう努め、出来ることを確実に実行する	気持ちが内にこもらないように出来るだけ掃き出し、気持ちを引き立てる	自分を抑え、周囲の人の意見を聴き、協調していく気持ちの余裕を持つ

出典：福島寛（2001）『新版 性格のバイブル——エゴグラム式性格診断の本——』ダイヤモンド社をもとに筆者作成

　それぞれの自我状態のプラス面とマイナス面やアドバイスを見ましょう。また、自分の特徴を踏まえて、今後、どのようにしていきたいですか。そのためには、どのようなことをすれば良いと考えますか。

Work 2 以下の問1～問2の場面でのコミュニケーションについて、"5つの機能"の中のどれに該当するかを記してください

Q1 あなたの友人が思いがけず優秀学生賞を獲得しました。
① ええっ？ほんとう～？うまくやりやがったな‼ （　　　）
② そういえば、最近頑張っていたよね。 （　　　）
③ 悔しいけど何も言わずに傍観するしかないな。 （　　　）
④ 評価の方法がどこかおかしいね。納得できないよ。 （　　　）
⑤ お祝いをしてあげたほうが良いよね。何なら喜ぶかな。 （　　　）

Q2 あなたの友人が倒れて保健室に運ばれました。
⑥ すぐには帰れそうもないのかな？　家族に連絡が必要かな？ （　　　）
⑦ 昨日、遅くまで遊び過ぎたせいだな。自業自得だ。 （　　　）
⑧ ありゃ～大変だ！がんばれよ～。 （　　　）
⑨ すぐに良くなるよ。欲しい物ある？　持ってくるよ。 （　　　）
⑩ 用事があるけど帰るわけにもいかないのでその場に残る。 （　　　）

　Q3～Q5の場面で、自分の好ましいコミュニケーションを考えてください。対応する際の自我状態は"5つの機能"のどれにあたるかを記してください。

Q3 帰ろうとしたとき、先生から記録係を頼まれました。あなたは早く帰りたいと思っています。
先生：君、この黒板うつしておいてくれ！

自分：...

....

....（　　　）

Q4 待ち合わせの時間に人数が揃いません。先に行きたいと思っています。
友人：みんなが来るまで待っていようよ！

自分：...

....

....（　　　）

Q5 曲がり角で、見知らぬ人とぶつかりました。
見知らぬ人：あぶないなぁ。

自分：...

....

....（　　　）

第8章

伝える①
——アサーション理論編——

はじめに

　ITのめざましい発展により、わたしたちはSNSなどさまざまなコミュニケーション（意思疎通）の道具を手に入れました。例えば、スマートフォンは手紙や固定電話しかなかった時代の人にとっては、遠い未来の夢の道具だったことでしょう。しかし、コミュニケーションの道具が変わっても、わたしたちが人や社会とつながるためのものであることには変わりません。それほど、わたしたちはつながる（つながりたい）欲求を持っています。でも、自分が伝えたいことを言うだけでは、他者を傷つけてしまうことがあります。そこで他者の考え方や気持ち、価値観などを尊重した配慮のあるコミュニケーションが大切なのです。

　配慮のあるコミュニケーションの実践には、他者とのやり取りを通してコミュニケーションスタイルの違いに慣れ、違いを認め合い受け入れていくコミュニケーションの方法が必要です。それが「アサーション」（assertion）です。

　この章ではアサーションを学んで他者とのコミュニケーションのメカニズムを知り、自分の特徴を知ることで、自己表現を理解し、コミュニケーションのスタイルをアップデートする方法を学習します。そして、自分の気持ちにも、相手の気持ちにも寄り添って、素直に自己主張できることを目指しましょう。今までの、呑み込んでしまっている自分、言い過ぎている自分に気づき、対応策を考えましょう。

① アサーション（assertion）とは

　「『アサーションとは自分も相手も大切にする自己表現』であり、『自分の考え、欲求、気持ちなどを率直に、正直に、その場の状況にあった適切な方法で述べること』」（平木2000）です。つまり、アサーションは "I'm OK. You're OK."（私もあなたもOK）を大切にコミュニケーションする方法です。

② アサーションは「ウィン・ウィン」（Win-Win）の関係ではない

「ウィン・ウィン」（Win-Win）の関係とは「相手も自分も勝つ」「双方が利益を得る」という意味です。これは「ウィン・ルース」（Win-Lose）勝ち負けの考え方がベースにあります。アサーションの「私も OK、あなたも OK」という考え方は、勝ち負けではなく、人間同士の関係性をベースにお互いの事情を伝え合い、より良い方向性を双方で見つけ、支え合うという関係性のことです。

③ コミュニケーションはなぜ難しいのか

人のコミュニケーションスタイルは、遺伝的なものだけでなく、育った時代的、文化的、社会的な環境によって、物事の捉え方やコミュニケーションスタイルを獲得し、環境や時代背景によってつくられます。そのため、自分が伝えたいことを言葉や態度にして、他者に伝えたとしても、正確に伝わりにくいものなのです。**図 8-1** は友人がしょんぼりしている姿を見て、「何かあったの？」と尋ねています。そこで友人は「…ううん、なんでもない…」と答えます。言葉は「なんでもない」と言っていますが、その言葉にはいろ

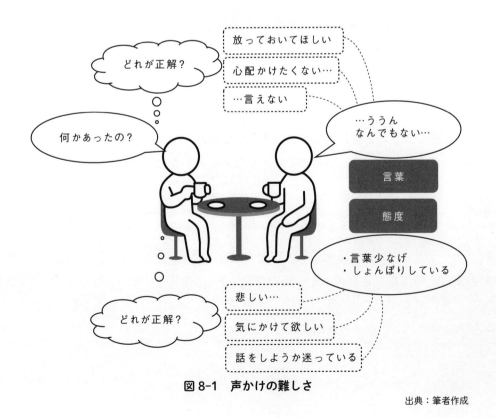

図 8-1　声かけの難しさ

出典：筆者作成

44

いろな意味がありそうです。友人の態度は言葉少なげで、まだしょんぼりしています。その態度にもいろいろな意味が考えられます。コミュニケーションをするときには、言葉や態度の背後にある意味（文脈；コンテクスト）を理解するために、さらなるコミュニケーションが必要となるのです。

本章のポイント！

1．アサーションの大切さを理解しよう。
2．自分のアサーションのタイプを知ろう。
3．3つのアサーションのタイプを理解しよう。

Work 1 自分のアサーションタイプを確認しましょう。

次のアサーションチェックリストの質問に対して、自分が日頃一般にとっていると思われる自己表現のパターンを正直に答えて下さい。右側には、非主張的（NA）、攻撃的（AG）、アサーティブ（A）の欄に✓印を入れてください。もし、2種類の言動を半分半分ぐらいの割合でしている人は、2か所に✓をつけてください。合計数を見て、自分のコミュニケーションは3つのパターンがどのような割合で構成されているか、また、どんな自己表現が苦手かを知ることができます。

Q1　アサーション度チェックリスト

NA（ノンアサーティブ）非主張型：言えない、呑み込んでしまう、消極的な態度をとる
AG（アグレッシブ）攻撃型：言い過ぎる、攻撃的な態度をとる
A（アサーティブ）：適切に言える、適切な態度をとる

		NA	AG	A
1	人に対するいい感じやほめことばを伝える。			
2	自分の長所や成功を人に伝える。			
3	分からないことを質問する。			
4	人と異なった意見、気持ちを言う。			
5	自分が間違っている時、素直に認める。			
6	適切な批判を述べる。			
7	話し合いの席で、自分の意見を言う。			
8	助けが必要な時、人に助けを求める。			
9	社交的な場面で、日常会話をする。			
10	自分の緊張や不安を認める。			
11	プレゼントを上手に受け取る。			
12	不当なことをされた時、そのことを言う。			
13	人からほめられた時、素直な対応をする。			
14	批判された時、きちんと対応する。			
15	長電話や長話を切りたい時、提案する。			
16	自分の話を中断された時、それを言う。			
17	パーティーの招待を受けたり、断ったりする。			
18	注文通りのもの（料理や洋服など）が来なかった時、そのことを言って交渉する。			
19	行きたくないデートを断る。			
20	助けを求められて断りたい時、断る。			
	合計数			

出典：平木典子（2013）『自己カウンセリングとアサーションのすすめ』金子書房

3つのアサーションのタイプ

① ノンアサーティブ（非主張的な自己表現）

- 自分の気持ちや考えを表現しなかったり、しそこなったりする言動。
- 曖昧な言い方をしたり言い訳がましく言ったり、消極的な態度をとったり小さな声で言ったりする。
- 非主張的な言動のあまり、劣等感や諦めの気持ちが付きまとう。
- 欲求不満や恨みが溜まり、人と付き合うのがおっくうになる。

② アグレッシブ（攻撃的な自己表現）

- 相手の言い分や気持ちを無視、軽視して、結果的に相手に自分を押し付ける言動。
- その場の主導権をにぎり相手より優位に立とうとする態度や、「勝ち負け」で物事を決めようとする姿勢。
- 自分の意向は通っても、その強引さのために後味の悪いことが多く、後悔する。
- お互いの関係をギスギスしたものにする。

③ アサーティブ（適切な自己表現）

- 自分も相手も大切にした自己表現。
- 自分の気持ち、考え信念などが正直に、率直に、その場にふさわしい方法で表現される。また、相手が同じように発言することを望む。
- お互いの意見や気持ちを出しあって譲ったり、譲られたりしながら、双方にとって納得のいく結論を出そうとする。

Q2　自分のコミュニケーションの特徴は

アサーションチェックリストの結果と、3つのアサーションのタイプを踏まえて、自分のコミュニケーションの特徴を考えてみましょう。

```



```

アサーションチェックリストの結果を見て、どんな自己表現が苦手だと感じましたか。また、苦手な理由は何でしょう。

```



```

Work 2 言いたいことを呑み込んでしまう・言い過ぎてしまう理由と対策を考えましょう。

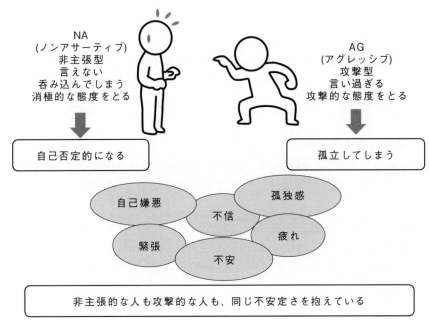

NA
(ノンアサーティブ)
非主張型
言えない
呑み込んでしまう
消極的な態度をとる

AG
(アグレッシブ)
攻撃型
言い過ぎる
攻撃的な態度をとる

| 自己否定的になる | 孤立してしまう |

自己嫌悪　不信　孤独感　緊張　不安　疲れ

| 非主張的な人も攻撃的な人も、同じ不安定さを抱えている |

出典：平木典子（2007）『自分の気持ちをきちんと〈伝える〉技術』PHP 研究所をもとに筆者作成

不安定さを解決する方法を考えてみよう

（例）・自分を好きになる
　　　・リラクゼーションの方法を見つける
　　　・素直になってみる

・人と話す
・人の言葉を信じてみる
・しっかり休む

自分なりの方法を考えてみよう

第9章

伝える②
──アサーション実践編──

はじめに

　この章では、第8章で学習したアサーティブなコミュニケーションを実践してみましょう。実践してみると、「他の人は上達が早いのに、自分は全然できていない」といったように自信をなくす人がいるかもしれません。自分と他者では、ものごとに対して慣れていくスピードには違いがありますので、自分のペースで取り組むことが大切です。

　実践の手順（例）は、次のようになります。① 正しく自分の出来不出来を自己点検する、② 自分と他者による複合的な評価をする、③ 複合的評価をもとにして、できたところはさらにスキルを伸ばし、できていないところは何度も練習してできるようにする。

　このように練習を積み重ねることで、アサーティブなコミュニケーションに慣れるとともに、誰とでも適切なコミュニケーションができる自信を養っていきましょう。

1 アサーションスキルの習得

　アメリカ人のバウアー夫妻とケリーによって作成された DESC 法（**表 9-1**）は、自分が対応しようとする状況や問題、あるいは相手の言動などについて、4つのステップを使って言いたいことを整理しています（平木, 2013）。DESC 法は「Describe（描写する）」「Express（説明する）」「Suggest（提案する）」「Choose（選択する）」の4つの英語の頭文字をとってつけられました。以下の表を参考に、DESC 法を使ってみましょう。

2 DESC 法の例

　友人に「映画レビューで評価の高いホラー映画にぜひ一緒に観に行こう！」と誘われましたが、自分は怖いものがとても苦手です。

［D］　「映画レビューで評価の高いホラー映画に誘ってくれているんだね」

［E］　「でも僕は怖いものは大の苦手なんだ」

［S］　「別の映画か、別の場所に遊びに行くなら一緒に行きたいな」

［C］　了解してくれた場合、「ありがとう」と伝える。

表 9-1　DESC 法

[D] describe	描写する	・自分が対応しようとする状況や相手の行動を描写する。 客観的、具体的、特定の事情、言動であって、相手の動機、意図、態度などではない。
[E] express explain empathize	表現する 説明する 共感する	・状況や相手の行動に対する自分の主観的気持ちを表現したり、説明したり、相手の気持ちに共感したりする。特定の事柄、言動に対する自分の感情や気持ちを建設的に、明確に、あまり感情的にならずに述べる。
[S] specify	特定の提案をする	・相手に望む行動、妥協案、解決策などの提案をする。具体的、現実的で、小さな行動の変容についての提案を明確にする。
[C] choose	選択する	・肯定的、否定的結果を考えたり、想像したりし、それに対してどういう行動をするか選択肢を示す。その選択肢は具体的、実行可能なもので、相手を脅かすものではないように注意する。

出典：平木典子（2007）『自分の気持ちをきちんと〈伝える〉技術』PHP 研究所をもとに筆者作成

　強引に誘われ続けた場合、「ホラー映画は怖くて観ないので、他の人を誘って」と言って断る。

③ なぜ自分を表現することは難しいのか

　自分自身を表現することが難しい理由としては、平木（2007）が挙げているような 4 つの要因があります。

① 自分の気持ちを把握できていない

　自分の気持ちがはっきりつかめていない場合、表現できないのは当然です。アサーティブなコミュニケーションのためには、自分の気持ちを明確に把握することが第一歩です。

② 結果や周囲を気にしすぎる

　相手に理解してもらいたいと思い、気を奪われているとアサーティブなコミュニケーションはできません。失敗を恐れず、精一杯、自分のできる限りで、自分の気持ちを表現することにエネルギーを注ぐことが必要です。

③ 自分の権利を使っていない・自分の考えや気持ちを大切にしてない

　アサーションは基本的な人権のひとつです。断ると罪悪感を抱き、引き受ければ自己嫌悪に陥るという葛藤を抱えて上手くコミュニケーションできない人は、自分には自由に話す権利がある事を認識しましょう。

④ アサーションスキルを習得していない

　アサーションスキルが不十分であることは、自分の考えを自由に伝えられないフラストレーションを抱えることになります。アサーションスキルは繰り返し実行するという訓練をしてはじめて身につきます。

④ アサーティブに対応しなくても良い場面もある

　アサーションを学ぶと、つい「どの場面においてもアサーティブに対応することが良いことである」と考えてしまう人がいます。しかし、わたしたちはみな、自己主張してもよいですが、同時に自己主張しない権利（アサーティブに対応しないこと）を選ぶ権利も持っています。例えば、時間のロスを考えるとアサーションに値しないと感じたとき、アサーティブに対応しない権利を使うことができます。ただし、その権利を使った後、相手を恨まないことも大切です。

⑤ 攻撃的になっても良い場面もある

　自分の身に危険が及ぶ状況で、必ずしも自己主張しなければいけないわけではありません。自分の身を守る必要があれば主張しない自由もあることを把握しておきましょう。

⑥ アサーションスキル・トレーニング

　アサーションは独立した単体のコミュニケーションスキルではなく、図 9-1 のように「ノンアサーティブ（非主張型）」と「アグレッシブ（攻撃型）」が合わさっているものと考えられます。第 8 章で自分のコミュニケーションタイプを知った今、自分のタイプとは別のコミュニケーションタイプを取り入れることで、アサーションができるようになります。すでにアサーティブなコミュニケーションができる人は、さらにアサーションの定着をはかりましょう。

自分よりも他者を優先し　　ノンアサーティブ
自分を後回しにするやり方、　非主張型

アサーティブ
自分のことを考え、
さらに他者をも配慮するやり方

自分優先的な考えで　　　アグレッシブ
他者を後回しにするやり方、　攻撃的

図 9-1　アサーティブな表現とは

出典：筆者作成

本章のポイント！

1．アサーションスキルの習得方法を学ぼう。
2．非主張的・攻撃的になる理由を知ろう。
3．アサーションスキル・トレーニングをしよう。

Work 1 さまざまな場面でのアサーティブな対応を考えましょう。

Q1　アサーティブに「断る」

　アルバイト先の店長からあなたに突然連絡がありました。今日のシフトの学生が急病で働けなくなり、代わりにあなたに頼みたいということです。ところがあなたは来週の試験に備えて勉強するつもりです。アサーティブに断ってください。

Q2　アサーティブに「頼む」

　ある授業で、4 人がチームを組んで課題に取り組むことになりました。あなたは分担を決める日に遅刻してしまったために、自分にとって、とても苦手なパートを割り当てられてしまいました。何とかチームメイトに担当を変わってほしいと考えています。アサーティブに頼んでください。

Q3　アサーティブに「謝る」

　あなたはグループの集まりに遅れてしまいそうです。仲間に遅れることを SNS で連絡しました。（理由は書いていない）しかし、集まりに合流した際に仲間から説明不足だと責められました。アサーティブに謝ってください。

第10章

聴く①
──非言語コミュニケーション──

はじめに

　ここではコミュニケーションを「言語」と「非言語」に分けて学びます。本章では非言語の表現（ノンバーバルコミュニケーション）について考えてみましょう。

① 言語・非言語コミュニケーション

　言語で伝えるコミュニケーションを「言語（バーバル）コミュニケーション」、言語以外で伝えるコミュニケーションを「非言語（ノンバーバル）コミュニケーション」と言います。非言語コミュニケーションには**表10-1**のようなコミュニケーションの媒体があり、時として言語を上回るメッセージをわたしたちに伝えてくれることがあります。

　就職活動では、挨拶のときは背筋を伸ばすように注意をされます。背中を丸めている人より礼儀正しい人に見えますし、相手への敬意が立ち居振る舞いから感じられるからです。会話しているとき、視線がどこを向いているのか、どんな表情なのかといった言語以外の情報も、非言語の表現として表れているのです。

　表10-1にあるように、相手との距離の取り方も非言語でのコミュニケーションです。電車に乗ったとき、ほとんど人が乗っていない車両で知り合いを見つけたとしましょう。あなたにどのくらい近づいて座るのかは、あなたとその相手との親しさが影響してくるはずです。もちろんこれまでの環境の違いや個人差もありますが、ぴったりと隣に座った場合、相手は「馴れ馴れしい」と感じて不快になるかもしれません。逆にあなたと親しくしたいと思っている相手だったら、近くに座ったことを喜んでくれるでしょう。二人の間の距離感も非言語による表現のひとつなのです。

② 非言語表現が映すもの

　就職活動に悩んで相談に来た学生がいました。周囲の友だちが次々に内定をもらっていくのに、自分はひとつも内定をもらえないというのです。成績も決して悪くはなく、部活もアルバイトも頑張っていました。帰り際、「でも、大丈夫です。頑張ります。」と言って

表 10-1　非言語コミュニケーションの媒体

（1）身体的特徴：身長、体格、体型、皮膚の色、体臭など
（2）顔の表情や目の動き：微笑、しかめ面、凝視の方向と長さ、まばたきなど
（3）動作やジェスチャー：手足や頭の動き、徒歩の方向や速さなど。ボディランゲージと言われる
（4）身体的特徴：触れる、撫でる、叩く、抱くなど
（5）身体の近接度と位置：空間的な距離や位置、座席の座り方、なわばりなど
（6）会話の非言語的要素：声の質、話し方、ため息、沈黙など。準言語とも言われる
（7）外見的表出：人が身につけている品物、衣服、化粧など
（8）環境要因：家具、色・音、建築様式など、人にかかわる環境

出典：佐々木土師二編（1996）『産業心理学への招待』有斐閣をもとに筆者作成

くれたのですが、表情は硬く、少し肩が震えているように見えました。「私にはあなたが大丈夫なようには見えないけれど…」と伝えると、わっと泣き出してしまったのを覚えています。

　これは言語と非言語のメッセージが不一致を起こしている例です。本当のことを言いにくかったり、相手に心配をかけたくなかったりするとき、人は無自覚に自分を偽ることがあるのです。それでも、非言語のメッセージは確かに私に伝わっていました。非言語表現では、うそをつくことが難しいのかもしれません。

　「聴く」ことの専門家であるカウンセラーは、この非言語を見逃さないよう訓練します。非言語表現はその人のこころを映す鏡のようなものだからです。非言語表現を意識することで、よりあなたの伝えたいことが伝わりやすくなります。上手く話せなくても、目を見てうなずくことや、あいづちをうつことで、相手に興味をもっていること、理解しようと思っていることが伝わるのです。

本章のポイント！

> 1．非言語の表現にはどんなものがあるかを理解しよう。
> 2．非言語の表現において伝わることは何かを考えよう。
> 2．非言語の表現を意識して、聴き上手になろう。

Work 1 ペアになってロールプレイング（役割演技法）を行います。話し手・聞き手は以下の指示を忠実に遂行してください。時間などは、教員の指示に従いましょう。途中で笑ったり、中断したりしないよう注意してください。

指示1

　話し手：最近、面白かったこと、楽しかったことを話してください

　聴き手：身体を相手の方向に向けないようにしてください
　　　　　相手の目を見ないようにしてください
　　　　　携帯をいじるなど何か別のことをして、相手に関心を向けないでください

指示2

　話し手：この一週間の出来事を話してください

　聴き手：身体を相手の方向に向けてください
　　　　　相手の目を見てください
　　　　　できるだけ動かず、無表情、無反応でいてください

指示3

　話し手：これまでに頑張ったことを話してください

　聴き手：身体を相手の方向に向けてください
　　　　　相手の目を見て（アイコンタクト）、できるだけ笑顔でいてください
　　　　　うなずき、あいづちを入れてください

ロールプレイング（役割演技法）

　「ロープレ（ロールプレイング）」は、「role（役割)」と「playing（演じる)」のことであり、小・中学校の教育課程にも取り入れられた背景があります。
　現場で経験するだろう場面を仮定し、役割を演じることでその役割の気持ちを理解し、課題を明らかにする体験学習と言えるでしょう。

1　全く思わない　　2　思わない　　3　どちらともいえない　　4　そう思う　　5　強くそう思う

	話し手	聴き手
演習1	話をよく聴いてもらえましたか 1　　2　　3　　4　　5 そう思う理由	相手のことが理解できましたか 1　　2　　3　　4　　5 そう思う理由
演習2	話をよく聴いてもらえましたか 1　　2　　3　　4　　5 そう思う理由	相手のことが理解できましたか 1　　2　　3　　4　　5 そう思う理由
演習3	話をよく聴いてもらえましたか 1　　2　　3　　4　　5 そう思う理由	相手のことが理解できましたか 1　　2　　3　　4　　5 そう思う理由
共有	気がついたこと、感じたこと	

第11章

聴く②
── アクティブ・リスニング（積極的傾聴）──

はじめに

　前章は非言語表現を取り上げましたが、本章では言語表現としてアクティブ・リスニング（積極的傾聴）を取り上げます。　「アクティブ・リスニング」（積極的傾聴）は、アメリカの心理学者カール・ロジャーズ（Carl Rogers）によって提唱されたものです。ロジャースはカウンセリングにおける多くの事例を分析し、人間尊重の態度に基づくカウンセリングを提唱しました。本章ではロジャースの提唱したカウンセリング理論の中から、相手の伝えたいことを引き出すための　「アクティブ・リスニング」（積極的傾聴）に焦点を当てていきます。

① ３つのきく

　きくと一口に言っても、さまざまな漢字があります。アクティブ・リスニングの listen は「聴く」という漢字ですが、漢字の作りから耳だけではな「目」と「心」もプラスされていることがわかります。以下、３種類の「きく」を見ていきましょう。

●聴く（listen）
　相手が何を語り表現しようとしているのかを、注意深く、集中して聴くこと
●聞く（hear）
　相手の話や外界から聞こえてくる音を受身的に聞くこと
●訊く（ask）
　相手が語りたくないことを問いただし、尋問するように訊くこと

出典：厚生労働省「こころの耳　働く人のメンタルヘルス・ポータルサイト」https://kokoro.mhlw.go.jp/listen_001/（2023 年 11 月 2 日閲覧）

　訊く（ask）は答えを要求する尋問のイメージですから、警察などではよく使用されます。あなたが将来のことに悩んでゼミの先生に相談に行ったとき、訊く（ask）で対応さ

れたらどんな気持ちになるでしょう。「こんなことなら来るんじゃなかった…」と思うか
もしれません。自分でもよくわからないことに答え続けるのは、とても苦痛なことだから
です。

　また、携帯を見ながら聞いている場合、話し手側からみれば、「わかってもらえていな
い」と感じて、話す気持ちを失うかもしれません。「きいている」「理解しようとしてい
る」ことがわかる態度が、コミュニケーションでは必要になるのです。

② 3つの基本的態度

　お互いの関係が建設的で尊重し合える関係となるための人間尊重の態度のことです。ロ
ジャースは聴く側の3要素として「共感的理解」「無条件の肯定的関心」「自己一致」をあ
げています。

---

(1) 共感的理解（empathy, empathic understanding）
　相手の話を、相手の立場に立って、相手の気持ちに共感しながら理解しようと
する。

(2) 無条件の肯定的関心（unconditional positive regard）
　相手の話を善悪の評価、好き嫌いの評価を入れずに聴く。相手の話を否定せ
ず、なぜそのように考えるようになったのか、その背景に肯定的な関心を持っ
て聴く。そのことによって、話し手は安心して話ができる。

(3) 自己一致（congruence）
　聴き手が相手に対しても、自分に対しても真摯な態度で、話が分かりにくい時
は分かりにくいことを伝え、真意を確認する。分からないことをそのままにし
ておくことは、自己一致に反する。

　　　出典：厚生労働省「こころの耳　働く人のメンタルヘルス・ポータルサイト」https://kokoro.mhlw.go.jp/
　　listen_001/（2023 年 11 月 2 日閲覧）

---

③ アクティブ・リスニングの基本スキル

　あなたが「聴き上手」だと感じる人を思い浮かべてください。アイコンタクトやうなず
き、あいづちなどの非言語表現はもちろん、会話がはずむような質問をしていませんか。ア
クティブ・リスニングには、以下のような基本的スキルがあります（非言語表現を除く）。

● くりかえし

　相手の話の中から、キーワードを拾って簡潔に伝え返します。相手の話を理解しようとしていることを伝えることができると同時に、確認する意味も持っています。一見、簡単そうに感じますが、単に相手の発言をくりかえせばいいということではありません。伝えたいキーワードを選択する力が必要であり、間合い（タイミング）も大切になってきます。

　「昨日、急に雨が降ってきてずぶぬれになったよ…。」
　例：「ええ〜！ずぶぬれに！」

● うながし

　相手の話の続きを短い言葉を使ってうながします。相手の話に興味があることを示すことができます。やり過ぎると、話を急かされている感じを与えてしまいますので、注意が必要です。

　「昨日、急に雨が降ってきてずぶぬれになったよ…。」
　例：「ええ〜！それで？」（その他）「例えば？」「それから？」「他には？」など

● 要　約

　相手の話のきりのいいところで、これまでの要点などをまとめて伝え返します。聴いてくれていることはもちろん、相手が混乱している場合、話を整理することに役立ちます。

　「昨日、家でゼミの課題をやろうとしたらB子から電話がかかってきて。B子は高校のときの友だちで最近会えていなかったし、なんだか悩んでいるみたいだったから、なかなか電話を切れなくて、結局3時間も話し込んだの。そしたら、ゼミの課題をする時間が無くなって中途半端に終わらせちゃって。そしたら今日、課題がきちんとできていないことを先生に叱られて…。」

　例：「友人の話を聞いてあげたら、課題が中途半端になって先生に叱られたんだね。」

● 気持ちの受け止め（感情応答）

　相手が表現している気持ちや表現されていない（気づいていない）気持ちを感じ取り、伝え返します。この人は「わかってくれている」「わたしはひとりじゃない」というあたたかい気持ちが生まれることで、安心して自分の気持ちと向き合うことができるようになります。そのため、これまでは見えていなかった本当の自分の感情に気づくことを助けます。

60

例：「友人のために頑張ったのに、叱られるなんて、がっくりだよね…。」

● **質　問**

「閉ざされた質問」と「開かれた質問」の 2 種類があります。話し手の話に興味があることを伝えることができます。話に出ていない情報や気持ちを引き出すことができます。

「閉ざされた質問」「はい」「いいえ」や単語で答えることになる質問
　　　例：「お腹は、痛いですか？」

「開かれた質問」　相手が自由に話せる質問
　　　例：「お腹は、どんな具合に痛いのですか？」

本章のポイント！

1．耳だけではなく、目と心をプラスした「聴く」を使おう。
2．3 つの基本的態度を意識しよう。
3．アクティブ・リスニングを実践していこう。

Work 1 AさんとBさんの会話を読んで、Q1とQ2の質問について回答してください。

Aさん：あの、実は悩みがあって…。バイトを辞めようかどうしようかと思って…。

Bさん：ふーん…。(1)

Aさん：何て言うか、店長と合わないっていうか…。希望していないシフトをやたら入れてくるし、定時に帰ろうとすると、人がいないから帰るなっていうし…。昨日も休みの日なのに、「ちょっとでいいから来てくれ」って連絡がバンバン来てさぁ。ちょっとっていうけど、行ったら絶対帰れなくなるから、既読スルーのまま放置しちゃって…。今日、夕方からバイトだけど、店長と顔を合わせるのが憂鬱で…。

Bさん：……。(2)

Aさん：でも、バイトを頑張らないと、生活が苦しくなる。一人暮らしって、かなりきつい。外食なんて金がかかるから自炊だけど、最近物価が上がっていて、みんなとの遊びにも付き合えなくなってきて…。それに、バイトに行ってもいつも俺ばっかり怒られて、後輩のMくんはかわいがられているからか、同じことしても何も言われない。何か、俺だけが損をしている気がして、嫌な感じがするよ。

Bさん：Mくんって言えば、彼女見た？　かわいいらしいな。(3)(4)

Aさん：う、うん…。俺もシフトがよく一緒になるRさんのことが気になるけど、今はそれどころじゃないっていうか…。

Bさん：え?!　そうなの?!　じゃあ、告白しろよ！　まずはデートだな。雰囲気のいいお店を知っているから、教えてやるよ！

Aさん……。

Q1　Bさんの問題点を指摘してください。

Q2　Aさんは、Bさんに何を聴いてもらいたかったのでしょうか。

(1)〜(4) のＢさんの応答を、あなたならこう返してほしいという内容に書き直してみましょう。以下の指示に従ってアクティブ・リスニングを使用してください。(3) と (4) は同じ話の内容ですが、(3) は「気持ちの受けとめ」(4) は「質問」を行います。

---

(1) くりかえし

---

(2) 要約または気持ちの受け止め（感情応答）

---

(3) 気持ちの受け止め（感情応答）

---

(4) 質問

Work 2 ロールプレイング（役割演技法）を行います。話し手は自分のことについて話す役割です。聴き手はアクティブ・リスニングを使って聴いてください。

演習1～4　話し手の役割　（以下の4つから選択してください）

- ・好きなもの（こと）、はまっていること
- ・頑張っている（頑張った）こと
- ・困ったことまたはびっくりしたこと
- ・腹が立ったことまたは疑問に思ったこと

演習1～4　聴き手の役割

- ・「アイコンタクト」「うなずき・あいづち」「くりかえし」を必ず使ってください。
- ・「うながし」「要約」「気持ちの受け止め」「質問」を最低でもひとつ、必ず使ってください。ただし、相手の話すペースを乱さないよう、タイミング（間合い）を考えましょう。

各役割を体験して、感じたことを記入して下さい。

	あなたの役割　話し手　聴き手　観察者		あなたの役割　話し手　聴き手　観察者
1回目		2回目	
3回目	あなたの役割　話し手　聴き手　観察者	4回目	あなたの役割　話し手　聴き手　観察者

第12章

コミュニケーションと情報共有
——SMCR モデル——

はじめに

　コミュニケーションは、送り手（話し手）と受け手（聴き手）の双方のやり取りで成り立っています。コミュニケーションに難しさを感じている人は、「伝えたつもりなのに、伝わっていなかった」ということを経験しているかもしれません。この章では、送り手と受け手の関係性を学び、コミュニケーションの仕組みを理解しましょう。

① SMCR モデルとは

　「SMCR モデル」は、デビット・カール・バーロ（David Carl Berlo）によって提唱された対人コミュニケーションモデルです。バーロは、コミュニケーションをその構成要素間の相互作用の過程として捉えています。

　対人コミュニケーションの構成要素は① 情報の源泉である送り手（Source）、② 伝達されるメッセージ（Message）、③ それを運搬するチャンネル（Channel）、④ 情報の受け手（Receiver）の4つに集約され、それぞれの頭文字を取って SMCR モデルと呼ばれています（**図 12-1**）。

　送り手（S）は、自分が持っている土台や背景をもとに、情報を言語や非言語などに記号化します。これがメッセージ（M）です。メッセージは「見る」「聞く」「触れる」「嗅ぐ」「味わう」というチャンネル（C）を通して、受け手（R）に届けられます。受け手は、自分が持っている土台や背景に基づいてメッセージを解読するという流れになります。

② 伝えたつもりが伝わっていないのはなぜか

　一見すると何の問題もない流れのように思えますが、なぜ、伝えたいことがそのまま伝わらないのでしょうか。

　それには、送り手と受け手がそれぞれ持っている土台（コミュニケーション技能、態度、知識、社会システム、文化）が違うということが大きく関係しています。わたしたち

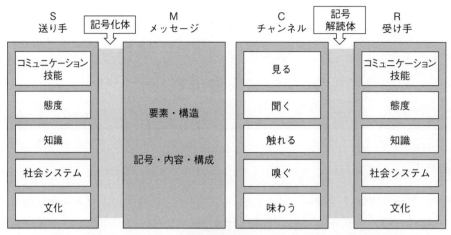

図 12-1　コミュニケーション構成要素のモデル―SMCR モデル―（Barlo）

出典：Berlo, D.K. (1960) *The Process of Communication: An Introduction to Theory and Practice*, New York; Holt, Rineehart and Winston, Inc（布留武郎・阿久津喜弘訳（1972）『コミュニケーション・プロセス――社会行動の基礎理論――』協同出版）をもとに筆者作成

は、自分がこれまでに得た知識や経験の中でしか、メッセージを記号化したり解読したりすることができません。したがって、受け取ったメッセージを解読する際、受け手の土台に基づく解釈が入ってしまい、誤解やズレが生じます。実は、これが「伝えたつもりが伝わっていない」の正体なのです。

③ コミュニケーションとは、解釈のズレを修正・調整していくこと

「コミュニケーション技能」とは、読み・書き・話し方・伝え方などの言語能力のことで、メッセージの効果的な表現に大きく影響するものです。購買意欲を掻き立てるようなプレゼンテーションを思い浮かべると分かりやすいかもしれません。

「態度」とは、あるメッセージの内容に対して、その人がそれをどう捉えているかによって変化する反応のことです。例えば、送り手がその内容に良い関心を持っていれば、メッセージには送り手の想いが込もった好意的な態度が表れるでしょう。一方、受け手がその内容に関心がなければ、メッセージを受け取ったときの反応が生返事であったり、少し冷めたような態度になったりするかもしれません。

「知識」とは、メッセージの中に含まれる対象物についての理解や認識のことです。ここで重要なのは、知識が単に年齢に応じて一律に学習されるものではないということです。

わたしたちは皆、何らかの「社会システム（組織化された人間の集団）」や「文化（共有されている信念、価値観、行動の仕方など）」に身を置いています。そのため、所属している場所によって、認知するものや学習するものが異なることを理解しておく必要があ

ります。

　例えば、あなたは「SE」という言葉を聞いたとき、何を思い浮かべるでしょうか。IT関係の知識がある人であれば、「SE＝システムエンジニア」という職業をイメージするかもしれませんが、音楽業界では「SE＝サウンドエフェクト（効果音）」のことを指します。送り手が効果音の意味でSEという言葉を使っていたとしても、受け手がシステムエンジニアのことだと解釈していれば、そのコミュニケーションにはズレが生じていたことになります。

　このように、ひとつの言葉をとっても、相手がどのような土台を持っているかによって、自分が当たり前だと思っていることが、相手にとっては当たり前ではないという現象が起こるのです。そのため、生まれも育ちも違う相手との間に解釈のズレが生じるのは当然のことです。コミュニケーションでは、そのズレをいかにすり合わせていくかが肝となることを理解しておきましょう。

　すり合わせの作業では、お互いが持っている情報を何度も丁寧に共有し、解釈のズレを修正・調整していくことになります。送り手は、メッセージを正確に伝えるために受け手の立場に立って考え、伝えることが重要です。そして同時に、受け手が必要とする情報は何かを知るために、受け手の土台や背景を考慮することも求められます。

　一方、受け手は、送られてきたメッセージを「受け取ろう」とすることが重要であり、受け手の解釈が送り手の意図する意味と合っているのかを確かめ、理解しようとする姿勢が必要になります。

　もっとも、コミュニケーションは双方向のやり取りであり、送り手と受け手は常に入れ替わっています。両者に求められるものを理解して体得していきましょう。

本章のポイント！

> 　1．コミュニケーションの仕組みを理解しよう。
> 　2．人は自分の土台にあるものでしか表現できないからこそ、相手の立場に立って
> 　　理解しようとすることが必要。
> 　3．コミュニケーションとは、情報の共有を通じて解釈のズレを修正・調整してい
> 　　くこと。

Work 1 下記の材料を使って、あなたがイメージする「ある風景」を描いてみましょう。

Q1 「ある風景」の材料
山、太陽、家、池、花、川、森、ベンチ、帽子

Q2 送り手と受け手を決めて、送り手は自分が描いた「ある風景」を伝えます。
受け手はそれを正確に受け取って、描いてください。

第13章

ディスカッション①
——型を理解する——

はじめに

　コミュニケーションとは、解釈のズレをすり合わせる作業であることを学びました。それには、お互いが持っている情報を丁寧に共有していく「情報共有」が重要になります。この章では、情報共有の重要性を理解するため、ディスカッションについて考えてみましょう。

① ディスカッションとは

　ディスカッションとは、討論や議論という意味を表す言葉です。あるテーマについて参加者がさまざまな意見を出し合いながら合意形成を図り、最適解を導いていく創造的な取り組みです。

　わたしたちの日常では、いろいろなところで日々問題が発生し、取り組むべき課題があります。それを解決するためには話し合いが不可欠ですが、意見の違う者同士が自分の主張を繰り返すだけでは解決に至りません。ディスカッションは、さまざまな意見がある中で合意形成を図り、問題を解決するための有効な手段となります。

　ディスカッションは、あらゆるコミュニティで実施されている手法ですが、何について話し合う必要があるのか、何を導き出したいのか、その目的はさまざまです。何のためにディスカッションをするのか、目指すところはどこなのかという目的を理解して行うことでその効果を引き出すことが可能となります。

② ディベートとの違い

　日本ディベート協会のホームページには、ディベートの特徴が次のように書かれています。

　「① 集会や議会等の公共的（public）な議論を行う場において、何らかの論点、課題について、② 対立する複数の発言者によって議論がなされ、③ 多くの場合、議論の採否が議論を聞いていた第三者による投票によって判定される」

そのため検察側、弁護側に分かれて争う裁判のように、対立する立場で競う際に使用することが多くなります。ディスカッションはディベートとは異なるものです。その主な目的を確認しておきましょう。

ディスカッションの主な目的

1. 多様な意見を取り入れる
2. 抱えている問題を解決する
3. 新たなアイデアを創造する

③ ディスカッションの構造

創造的な取り組みであるディスカッションでは、お互いの意見を共有することが何よりも重要です。一見、テーマと関係なさそうな意見でも、物事にはさまざまな側面があり、思わぬつながりがあるものなので、巡り巡って最適解を導くためのヒントになるかもしれません。

以下のディスカッションの構造（東田, 2012）を理解し、どんな意見も大切に扱い、深めて発展させてみましょう。

ディスカッションの構造

1. 新しい意見（自分の意見を論理的に述べる）
2. 質問・確認（これまでの意見をより明確にする）
3. 追加（これまでの意見をより深める）
4. 反論（これまでの意見を別の視点から捉え、正確性や説得性を検証する）

④ ディスカッションでの役割

限られた時間の中でディスカッションを進めていくには、役割分担が有効です。役割分担をすることで、行き当たりばったりの進行で結論がまとまらなかったり、せっかく話し合った内容のメモを取りそびれたりすることを防ぐことができます。

　そのため、時間内に全員の意見をまとめて結論を出し、スムーズに発表につなげるためには、最初に参加者の役割を決めておくことが重要なのです。それぞれの役割には、その役割に求められる能力がありますが、自分に向いている役割は何か、もしくはこれからどんな力をつけたいのかを考えて、チャレンジしてみましょう。

　また、以下に示す主な役割以外にも、ディスカッションを深めるために必要だと思う役割があれば、自ら考えて実践してみましょう。

ディスカッションでの役割

1. 司会
2. 書記
3. タイムキーパー
4. 発表者
5. その他

本章のポイント！

1．ディスカッションとは、創造的な取り組みのこと。
2．何を目指したいのか、ディスカッションの目的を明確にしよう。
3．どんな意見も潰さないように、ディスカッションの構造を理解しよう。
4．役割を分担し、スムーズに進めよう。

Work 1 あなたは夏祭りで行う模擬店（カレー屋さん）の運営スタッフです。今度開催されるイベントでの出店を考えており、出店されている模擬店の中でナンバーワン獲得を目標としています。

　今回の出店にあたり、現在のメンバーに加えて、新規メンバーを3名増員しようと考えています。メンバーを募集したところ7名の応募がありました。応募してくれたメンバーは、以下に示す通りです。あなたなら、誰をメンバーとして採用しますか。

応募してくれたメンバー
（A）取りまとめを引き受け、運営スタッフの先頭に立つことができる。
（B）誰にでも明るく接することができ、優しく相談に乗ってくれる。
（C）運営スタッフの話に耳を傾け、調整しながら進めていくことができる。
（D）自分たちの模擬店だけではなく、イベント全体の成功を検討できる。
（E）アピールが上手で、自分たちの模擬店を有利な条件で進めることができる。
（F）目標達成に向けて、誰よりも積極的に動くことができる。
（G）失敗をしても責任逃れをせず、責任感を持って行動できる。

Q1　上記のメンバーのうち、あなたならどの3名を選びますか。
　　「この人は欲しい！」と思う人を3名選び、その理由を書いてください。まずは自分の意見を以下にまとめましょう。

順位	名前	理由
1位		
2位		
3位		

Q2 それぞれ自分のつけた順位をチーム内で発表し、運営スタッフと順位を共有してください。他の人の順位も含めて、以下に整理してください。

氏名	1 位	2 位	3 位
(1) 自分			
(2)			
(3)			
(4)			
(5)			
(6)			

Q3 次のことに注意し、話し合って運営スタッフとしての順位を決めてください。

1. 自分の意見を他者にわかってもらえるよう、根拠を示して伝えましょう。
2. 自分の意見を主張するだけではなく、他者の意見もしっかり聴きましょう。
3. 多数決で安易に結論を出さないようにしましょう。
4. 自分が少数派になったとしても、すぐにあきらめないでください。全員で合意形成できるよう、納得するまで話し合いましょう。

チームとしての結論が出たら、以下に順位とその理由を整理してください。

順位	名前	理由
1 位		
2 位		
3 位		

Work 2 あなたは応募メンバーの中の誰に近いですか。

以下の各設問について5段階から1つだけ選び、あてはまる数字に〇をつけてください。

5：あてはまる　4：ややあてはまる　3：どちらともいえない　2：ややあてはまらない　1：あてはまらない

	5	4	3	2	1
(A) 取りまとめを引き受け、運営スタッフの先頭に立つことができる	5	4	3	2	1
(B) 誰にでも明るく接することができ、優しく相談に乗ってくれる	5	4	3	2	1
(C) 運営スタッフの話に耳を傾け、調整しながら進めていくことができる	5	4	3	2	1
(D) 自分たちの模擬店だけではなく、イベント全体の成功を検討できる	5	4	3	2	1
(E) アピールが上手で、自分たちの模擬店を有利な条件で進めることができる	5	4	3	2	1
(F) 目標達成に向けて、誰よりも積極的に動くことができる	5	4	3	2	1
(G) 失敗をしても責任逃れをせず、責任感を持って行動できる	5	4	3	2	1

あなたはチームでの意思決定において、

① 何を意識して取り組みましたか。また、② どんな役割を果たしましたか。

①

②

第14章

ディスカッション②
——議論の本質を理解する——

はじめに

　現在、わたしたちの社会はグローバル化が進んでいます。グローバル社会では、国境を越えた多様性や異質性の混在が大前提にあり、多くの異なる価値観のもとにさまざまな意見が存在することは言うまでもありません。そのようなグローバル社会で求められるのは、価値観を異にする他者といかに対話を重ね、信頼関係を築いていけるかというコミュニケーション能力であると言えるでしょう。

　この章では、お互いの理解を深め、建設的なディスカッションをするために押えておきたいポイントについて学びましょう。

① 議論の内容と人格は別物

　よく、「日本人はディスカッションが苦手」と言われます。ディスカッションの日本語訳には意見を戦わせるという意味合いも含まれるため、苦手意識がある人も多いのかもしれません。

　しかし、最初に理解しておいてもらいたいことは、ディスカッションをするときはその「内容（意見）」と「人（人格）」については、分けて考えることが重要ということです。

　わたしたちは、自分が出した意見について相手から否定的な反応があったとき、自分自身が否定されているかのように感じてしまうことがあります。それゆえ、相手の反応が怖くて、自分の意見をきちんと表現できないこともあるのではないでしょうか。しかし、それではディスカッションの本来の目的は果たせません。

　ディスカッションでは、その内容と人格を区別して行うことを共通認識として持ち、感情論に陥らない努力が必要なのです。

② 反論とは

　ここで、否定されたと感じやすいディスカッション構造のひとつ、「反論」について考えてみましょう。

反論とは、「ある主張に対して、それが正しくない可能性があることを、理由を用いて主張すること」（中野，2010）であり、単に自分の好みではないとか相手のことが嫌いであるという理由で述べるものではありません。

　ものごとには良い面も悪い面もあるため、ある問題について考えるときには、一方向から捉えるだけでは十分とは言えず、多面的な立場に立って考えることが大切です。そのため、反論はただ否定をするのではなく、さまざまな立場に立つことによってある主張の正確性を高め、不足する部分を補強し、より説得力のある主張へと展開するための役割を果たすものです。また、そのように主張を検証していく中で、新たなアイデアが生まれることもあります。つまり、反論は創造的なディスカッションに欠かせない重要なプロセスのひとつとも言えるでしょう。そう考えると、反論は決してあなた自身への否定・批判ではないことが理解できるのではないでしょうか。

③ 定義する

　ディスカッションには、抽象的なテーマが多くあります。まず、そのテーマが何を意味しているのかを整理して定義することが必要です。

　定義とは、「ものごとの意味・内容を他と区別できるように、言葉で明確に限定すること」（中野，2010）であり、テーマが意味する範囲を限定する効果があります。

　例えば、「人生には遊びが必要だ」というテーマの場合、あなたはこのテーマをどのように定義しますか。ここでのキーワードは「遊び」という言葉です。人それぞれ「遊び」への意見や価値観があり、その捉え方が異なるため、定義づけがなければズレやすれ違いが生じてしまうのです。

　ちなみに、多くのアイデアを出したいときや意見交換をしたいときなどは、「質より量」を重視し、自由にアイデアを出し合う「ブレインストーミング」という手法が役に立ちます。

ブレインストーミングとは

ブレインストーミング（英語：Brainstorming）とは、1950年頃にアメリカの実業家であるアレックス・F・オズボーン氏によって考案されたアイデア発想法です。別名「集団発想法」とも言い、複数人（もしくは個人）で意見やアイデアを自由に出すことで、新たな発想を生むことができます。企業の商品開発会議などでよく使用されています。

〈ブレインストーミングで効果を得るためのルール〉

① アイデアに対して批判・否定をしない

　メンバー全員が自由なアイデアを出せる場を作る！

② 変わったアイデアを歓迎する

　変わったアイデアこそ可能性の宝庫！

③ 質より量を重要視する

　たくさんのアイデアを出すことで質の向上につながる！

④ アイデアをまとめる

　1つ1つのアイデアに耳を傾け、そこから別のアイデアを考え出す！

出典：東大IPC「ブレインストーミングとは？4つのルール、やり方、流れを解説」https://www.utokyo-ipc.co.jp/column/brainstorming/（2023年10月2日閲覧）をもとに筆者作成

 論理的に述べる

　ディスカッションを進めていく上では、自分の意見をまとめ、周囲にわかりやすく主張することが大切になります。ここでは、ものごとを論理的に伝えるフレームワークであるPREP（プレップ）法（大嶋, 2006）を使って実践してみましょう。

　PREP法とは、「Point（結論）→ Reason（理由）→ Example（具体例）→ Point（再結論）」の流れで話す方法です（**図14-1**）。

図14-1　PREP法

出典：大嶋友秀（2006）『PREP法で簡単に身につく論理的に「話す」技術』日本実業出版社をもとに筆者作成

PREP法の効果

1. 結論を真っ先に伝えることで、聴き手が理解しやすい
2. 「結論→理由」の流れにより、話が論理的で分かりやすくなる
3. 具体例やデータ等を示すので、結論の説得力が増して理解が深まりやすい
4. 最初と最後の両方で結論を示すので、記憶に残りやすい

結　論（P）：わたしは、音楽が好きです。

理　由（R）：なぜなら、音楽にはクラシックやジャズ、ロック、演歌などたく
　　　　　　　さんのジャンルがあり、国を超えて人々を結び付けてくれる力が
　　　　　　　あると思うからです。

具体例（E）：例えば、わたしの友人はK-POPが大好きで、歌詞を理解しようと
　　　　　　　韓国語を学び始め、韓国旅行に行ったことをきっかけに韓国人と
　　　　　　　結婚しました。とても驚きましたが、国が違っても共感できる音
　　　　　　　楽の力は偉大だなと思いました。

再結論（P）：だから、わたしは人とつながることのできる音楽が大好きです。

本章のポイント！

1．ディスカッションの内容と人格を区別しよう。
2．反論は、創造的なアイデアを生み出すためのプロセス。
3．ディスカッションは定義が重要。
4．論理的な思考と表現は、自分の頭の整理と相手の理解を深める。

Q1　自分の考え（意見・主張）をまとめよう。

Point （結論）	
Reason （理由） Example （具体例）	
Point （再結論）	

Q2　チームでは、「日本人の幸福度」をどのように定義しましたか。

Q3　チームの結論

Q4　ディスカッションをしてみた感想（自分が果たした役割やチームに貢献できたことなど）

世界幸福度レポート 2023

2023 年 3 月 20 日の国際幸福デーに、国際機関である「持続可能な開発ソリューション・ネットワーク（SDSN）」は「World Happiness Report)」2023 年版を発表しました。国別の幸福度ランキングでの日本の順位は 137 カ国中 47 位でした。

主な国の順位（国名の後の数字は幸福度 0 〜 10）

1 位　フィンランド　7.804	47 位　日本　6.129
2 位　デンマーク　7.586	57 位　韓国　5.951
3 位　アイスランド　7.530	64 位　中国　5.818
15 位　米国　6.894	70 位　ロシア　5.661
16 位　ドイツ　6.892	
19 位　英国　6.796	
21 位　フランス　6.661	

※「World Happiness Report)」では、一人あたり GDP、社会的支援、健康寿命、自由、寛容さ、汚職の 6 つの変数 に関する観察デー タとそれらの生命評価との関連性の推定値を使用し、国ごとのばらつきを説明しています。

出典：World Happiness Report, https://worldhappiness.report/ed/2023/（2023 年 10 月 2 日閲覧）

第 15 章

総合演習
──ブーメランの法則──

はじめに

　いよいよ最終章となりました。コミュニケーションは自己紹介に始まり、対話を通して深めていくものです。最後に、第1章に登場した金子みすゞという詩人の詩を、もうひとつご紹介しておきましょう。

金子みすゞ　　「こだまでしょうか」

「遊(あす)ぼう」っていうと
「遊ぼう」っていう。

「馬鹿」っていうと
「馬鹿」っていう。

「もう遊ばない」っていうと
「遊ばない」っていう。

そうして、あとで
さみしくなって、

「ごめんね」っていうと
「ごめんね」っていう。

こだまでしょうか、
いいえ、誰でも。

出典：上山大峻・外松太恵子（2002）『金子みすゞ　いのちのうた・1』JULA 出版局

挨拶をされれば挨拶をするし、質問されれば答えるように、わたしたちは知らず知らずのうちに、相手のことばや態度を鏡のように返しています。相手があなたに対して投げやりな態度なら、あなたの態度も投げやりになるでしょう。相手が優しく接してくれれば、あなたも優しさを返したくなるのではないでしょうか。それはまるでブーメランのように、あなたに向けて返ってきてしまうのです。

　最終章となる本章では、総合演習を行います。これまでの学びを振り返りながら、コミュニケーションの楽しさを体験してみましょう。

① 総合演習（1）：非言語表現を意識しよう

　非言語表現は第 10 章の学習です。聴き手の聴き方が悪いと、話し手が話す意欲を失ったり、緊張したりしてしまいます。非言語表現が与える影響はとても大きいのです。あなたの聴こうとする姿勢は、すでに非言語で表現されているのです。

② 総合演習（2）：アクティブ・リスニングを意識しよう

　アクティブ・リスニングは第 11 章の学習です。聴き手をよく観察し、タイミングを見計らってアクティブ・リスニングを行いましょう。どのような言葉を選べばいいのか、どの様な質問が相手に効果的なのか、いろいろ試してみてください。

③ 総合演習（3）：自分の意見を主張しよう（ディスカッション）

　社会では集団（チーム）で行動することが多くなります。適切な自己主張ができることは社会に適応していく上でとても大切なことです。一方的、感情的な自己主張は、本当の意味で相手に理解をしてもらうことができません。あなたが説得されるとき、相手の主張にはしっかりした根拠があったり、魅力的な提案があったりしたのではないでしょうか。

④ 総合演習（4）：多様性を尊重しよう

　お互いに遠慮することなく自分の意見を主張し、相手との違いを理解した上で、相手のことを尊重しましょう。この世に全く同じ人間はいませんが、あなたを理解してくれようとする人は、必ずいるはずです。

本章のポイント！

> 1．違っていて当たり前だと気づこう。
> 2．多様性を尊重しよう。
> 3．学生生活を通して、いろいろなことを試してみよう。

※最終章のポイントはあえて、第 1 章と同じにしました。自分の成長を確認しましょう！

Work 1 二者択一ゲームを行います。以下の質問についてあなたが選択する項目 A・B のいずれかに〇をつけてください。また、その理由を記入して下さい。

Q1　自由な時間を 1 か月もらえたら？
　　　A　いろいろなことに挑戦したい　　　　B　何かに集中したい

理由

Q2　休みの日は？
　　　A　自宅でまったりしたい　　　　　　　B　友人とわいわい騒ぎたい

理由

Q3　どちらが欲しい？
　　　A　100 万円　　　　　　　　　　　　　B　好きな芸能人との 1 日デート

理由

Q4　友人に求めるものは？
　　　A　自分に合わせてくれる　　　　　　　B　自分に意見を言ってくれる

理由

Q5　教員に求めるものは？
　　　A　質の高い授業をしてほしい　　　　　B　学生に寄り添ってほしい

理由

Q6　将来のパートナーに求めるものは？

A　包容力　　　　　　　　　B　経済力

理由

Q7　将来の仕事に求めるものは？

A　やりたいことができる　　B　安定している

理由

Q8　将来、暮らしたい場所のイメージは？

A　自然豊かな場所　　　　　B　便利な場所

理由

Q9　将来のライフスタイルは？

A　全国（海外）を飛び回りたい　　B　転勤のない生活がしたい

理由

Q10　人生2週目なら何を優先？

A　失敗を挽回　　　　　　　B　出会いを演出

理由

Work 2 Work 1 の結果をもとに、以下の練習 1 〜練習 4 の指示に従ってコミュニケーションを取りましょう。違っていることの面白さを体験してみてください。

練習 1 「非言語を意識する」

　話し手：自由に話す

　聴き手：非言語「アイコンタクト・うなずき・あいづち・繰り返し」を意識して、丁寧に聴く

やってみてどうだったか（気づきや感想）
相手の良かった点とアドバイスなど
【共有 & Memo】

練習 2 「質問する」

　話し手：自由に話す

　聴き手：アクティブ・リスニングを意識する。特に「オープン・クエスチョン（はい / いいえ　では答えられない質問）」を使ってみよう。

やってみてどうだったか（気づきや感想）
相手の良かった点とアドバイスなど
【共有 & Memo】

練習3 「議論する」（ディスカッション）

・自分の意見に同意してもらえるように意見を戦わせ、相手を説得する。
・相手が自分の意見に振り向いてくれるよう、根拠や魅力などをしっかりと述べる。

やってみてどうだったか（気づきや感想）
相手の良かった点とアドバイスなど
【共有＆ Memo】

練習4 「対話する」

・相手の意見を評価するのではなく、お互いの意見の違いを認め合う。
・相手の考えや思いを掘り下げ、相手を理解する。

やってみてどうだったか（気づきや感想）
相手の良かった点とアドバイスなど
【共有＆ Memo】

あ と が き

　15回を通して、あなたは何を感じ、何を学べましたか？　私はコミュニケーションの授業を行う際、いつもくじ引きで席を決めています。毎回くじ引きなので、当日にならないと隣に誰が座るのかわかりません。学生たちは授業の初めの頃、ペアワークやディスカッションなどに戸惑いながらも、緊張しつつ頑張ってくれていました。

　回数を重ねるうちに、初対面の人と話すことが当たり前になってきます。案外、初対面のお隣さんに「同志」がいるのかもしれません。自分の思いを伝えなければ、いい出会いは生まれません。感じていること、考えていることを、自分のことばで表現することが大切なのです。「伝えよう！」という意識がないと、相手に伝わるコミュニケーションにはなりません。コミュニケーションは双方向ですから、伝えるだけではなく、相手の話を「聴く」姿勢も必要になってきます。

　まえがきにも書きましたが、コミュニケーションスキルは後天的に獲得できるものです。「しゃべくり」が重要なお笑い芸人さんだって、人見知りの方もいるでしょう。たくさんの出会いと経験の積み重ねが、あなたを成長させてくれるはずです。

　あなたに、素敵な出会いがありますように。そして、あなたの学生生活が実り豊かなものとなることを、著者一同、心より願っております。

　最後に、本書の刊行に関して晃洋書房編集者の坂野美鈴様に大変お世話になりました。読者目線にこだわったテキストづくりに、ご理解とご支援を賜りましたことに、心より感謝申し上げます。

　2024 年 6 月

編著者　湯口恭子

引用・参考文献

安達智子・下村英雄編（2013）．キャリア・コンストラクションワークブック——不確かな時代を生き抜くための
　　キャリア心理学——　金子書房

相川充（2017）．新版　人付き合いの技術　ソーシャルスキルの心理学　サイエンス社

赤尾勝巳（2013）．生涯学習理論を学ぶ人のために　世界思想社

Bandura, A.（1995）. Self-efficacy in Changing Societies.（バンデューラ，A.　本明寛・野口京子（監訳）（1997）．
　　激動社会の中の自己効力　金子書房）

Berlo, D.K.（1960）. The Process of Communication:An Introduction to Theory and Practice, New York; Holt,
　　Rineehart and Winston, Inc.

Berlo, D.K.（1960）. The Process of Communication:An Introduction to Theory and Practice.（D. K. バーロ．布留
　　武郎・阿久津喜弘（訳）（1972）．コミュニケーション・プロセス——社会行動の基礎理論——　協同出版）

福島寛（2001）．新版　性格のバイブル　エゴグラム式性格診断の本　ダイヤモンド社

東田晋三（2005）．MY　CAREER NOTE I　ベネッセコーポレーション

東田晋三編著（2012）．新自分デザイン・ブック I　ドリームシップ

東田晋三・湯口恭子（2016）．キャリアは常にそこがスタート　ドリームシップ

平木典子（2007）．自分の気持ちをきちんと〈伝える〉技術　PHP 研究所

平木典子（2013）．相手の気持ちをきちんと〈聞く〉技術　PHP 研究所

平木典子（2013）．よくわかるアサーション自分の気持ちの伝え方　主婦の友社

平木典子（2013）．自己カウンセリングとアサーションのすすめ　金子書房

平木典子（2023）．言いにくいことが言えるようになる伝え方　ディスカバー・トゥエンティワン

堀越弘（2007）．マーク・サビカス——キャリア構築理論——　渡辺三枝子（編）新版キャリアの心理学——キャ
　　リア支援へのアプローチ——（pp. 173-197）ナカニシヤ出版

岩波薫・峰滝和典（2012）．キャリアデザインとコミュニケーション　創成社

持続可能な開発ソリューション・ネットワーク（SDSN）（2023）World Happiness Report.（世界幸福度報告書）
　　2023 年度版 https://worldhappiness.report/ed/2023// （2023 年 10 月 2 日閲覧）

柏木仁（2016）．キャリア論研究　文眞堂

川﨑友嗣・伊藤眞行・菊池節子・堀田美和・安川直志・山本公子・山本千晶（2011）．私の仕事　第 2 版　関西大
　　学出版部

川﨑友嗣（2018）．キャリア教育実践を支える基礎理論　藤田晃之（編）キャリア教育（pp. 71-86）ミネルヴァ書
　　房

金子隆芳・台利夫・穐山貞登（1998）．多項目心理学辞典　教育出版

キャリアデザイン教材研究開発チーム（2016）．キャリアデザイン A ワークブック 2016　京都学園大学

木村周・下村英雄（2022）．キャリア・コンサルティング 理論と実際——専門家としてのアイデンティティを求め
　　て——　一般社団法人雇用問題研究会

北村雅昭（2022）．持続可能なキャリア——不確実性の時代を生き抜くヒント——　大学教育出版

京都産業大学　F 工房　https://www.kyoto-su.ac.jp/features/f/index.html// （2023 年 11 月 1 日閲覧）

経済産業省　社会人基礎力　https://www.meti.go.jp/policy/kisoryoku/ （2023 年 7 月 8 日閲覧）

厚生労働省（2014）．「健康づくりのための睡眠指針」さいたま市健康なび　https://kenkonavi.jp/kyuuyou/kyuu
　　you02.html#tab1（2023 年 11 月 2 日閲覧）

厚生労働省　こころの耳　働く人のメンタルヘルス・ポータルサイト https://kokoro.mhlw.go.jp/listen_001// （2023
　　年 11 月 2 日閲覧）

国文康孝（2008）．カウンセリング心理学辞典　誠信書房

子安増生・丹野義彦・箱田裕司監修（2021）．現代心理学辞典　有斐閣

倉成宣佳（2015）．交流分析にもとづくカウンセリング　ミネルヴァ書房

桑子敏雄（2016）．社会的合意形成のプロジェクトマネジメント　コロナ社

Lazarus, R. S., & Folkman, S.（1984）. Stress, appraisal, and coping. Springer publishing company.（リチャード・
　　S・ラザルス & スーザン・フォルクマン　本明寛・春木豊・織田正美（監訳）（1991）．ストレスの心理学
　　実務教育出版

Luft,J., & Ingham,H. (1961). The Johari Window: A Graphic Model of Awareness in Interpersonal Relations. Human Relations Training News.

宮城まり子（2002）．キャリアカウンセリング　駿河台出版社

溝口侑・溝上慎一（2020）大学生のキャリア発達とロールモデルタイプの関係——ロールモデル尺度（RMS）開発の試み——日本青年心理学会

三島徳雄・久保田進也（2003）．積極的傾聴を学ぶ　中央労働災害防止協会

武藤清栄他（2003）．言葉を聴く人　心を聴く人　中央労働災害防止協会

中野美香（2010）．大学 1 年生からのコミュニケーション入門　ナカニシヤ出版

西尾和美（2012）．リフレーム　大和書房

西村宣幸（2008）．ソーシャルスキルが身につくレクチャー＆ワークシート　学事出版

日本ディベート協会　ディベートの紹介　https://japan-debate-association.org/debate/（2023 年 10 月 14 日閲覧）

日本産業カウンセラー協会（2008）．産業カウンセリング　社団法人日本産業カウンセラー協会

小笠原泰（2019）．我が子を「居心地の悪い場所」に送り出せ　プレジデント社

岡田昌毅（2007）．ドナルド・スーパー——自己概念を中心としたキャリア発達——　渡辺三枝子編　新版キャリアの心理学——キャリア支援への発達的アプローチ——(pp. 23-46)　ナカニシヤ出版

小野田博之編（2011）．キャリア開発 24 の扉　生産性出版

小野田博之（2005）．自分のキャリアを自分で考えるためのワークブック　日本能率協会マネジメントセンター

大阪商工会議所（2009）．メンタルヘルスマネジメント検定試験公式テキストマスターコース第 2 版　中央経済社

大嶋友秀（2006）．PREP 法で簡単に身につく論理的に「話す」技術　日本実業出版社

大山雅嗣（2012）．コミュニケーションスキルワークブック　日本生産性本部生産性労働情報センター

李超（2015）．キャリアとコミュニケーション　税務経理協会

Savickas, M. L. (1997). Career adaptability: An integrative construct for life-span, life-space theory. *The Career Development Quarterly, 45.* 247-259.

Savickas, M. L. (2011). Career Counseling; American Psychological Association.（サビカス，M．L 日本キャリア開発研究センター（監訳）（2018）．キャリア・カウンセリング理論　福村出版）

佐々木土師二編（1996）．産業心理学への招待——　有斐閣

佐藤綾子（2003）．人間関係づくりにおける非言語的パフォーマンスの研究　実践女子学園学術・研究叢書 5

新村出編（2018）．広辞苑第七版　岩波書店

嶋田洋徳・坂井秀敏・菅野純・山﨑茂雄（2010）．人間関係スキルアップワークシート　学事出版

杉山崇・馬場洋介・原恵子・松本祥太郎（2022）．キャリア心理学ライフデザイン・ワークブック　ナカニシヤ出版

Super, D. E. (1980). A life-span, life-space approach to career development. Journal of Vocational Behavior, 16, 282-298.

Super, D. E. (1990). A life-span, life-space approach to career development, D. Brown, L. Brooks, and Associates, Career choice and development: applying contemporary theories to practice 2nd ed., (pp.197-261), Jossey-Bass Publishers.

Super, D. E., Savickas, M. L., & Super, C. M. (1996). The life-span, life-space approach to careers. Career choice and development, 3, 121-178.

Taylor, K. M., & Betz, N. E. (1983). Applications of self-efficacy theory to the understanding and treatment of career indecision. Journal of Vocational Behavior, 22, 63-81.

千葉ロールプレイング研究会子（1981）．教育の現場におけるロールプレイングの手引き　外林大作監修　誠信書房

東大 IPC　ブレインストーミングとは？　4 つのルール、やり方、流れを解説　https://www.utokyo-ipc.co.jp/column/brainstorming/（2023 年 10 月 2 日閲覧）

上山大峻・外松太恵子（2002）．金子みすゞ いのちのうた・1　JULA 出版局

浦上昌則（1995）．学生の進路選択に対する自己効力に関する研究　名古屋大学教育学部紀要 , 42, 115-126.

渡辺三枝子編（2007）．新版キャリアの心理学——キャリア支援への発達的アプローチ——　ナカニシヤ出版

吉田雅裕著・東大ケーススタディ研究会編（2014）．東大生が書いた 議論する力を鍛えるディスカッションノート　東洋経済新聞社

《著者紹介》（＊は編著者、執筆順）

＊湯口恭子（ゆぐち　きょうこ）［第1, 2, 4, 5, 6, 10, 11, 15章］

近畿大学短期大学部専任講師（働き方改革推進センター兼務）。博士（心理学）。
専門はキャリア心理学、若年者のキャリア形成、キャリア探索。
キャリア教育、キャリアカウンセリングを主軸に、メンタルヘルス、コミュニケーション研修を多数実施。
著書に『キャリア探索とレジリエンス』（単著、晃洋書房、2022 年）、『キャリアは常にそこがスタート』（共著、ドリームシップ、2016 年）、『新自分デザインブックⅠ』（共著、ドリームシップ、2012 年）などがある。公認心理師、1 級キャリアコンサルティング技能士、キャリアコンサルタント、学校心理士、産業カウンセラー、特定社会保険労務士。

柳生利恵（やぎゅう　りえ）［第3, 12, 13, 14章］

Me Career 代表・悠心パートナーズ代表。
龍谷大学、大谷大学、神戸親和大学非常勤講師。
大学や企業において、キャリア教育、キャリアカウンセリング、コミュニケーション研修、ハラスメント・メンタルヘルス研修など多数実施。
著書に『実践 コミュニケーション・マナー』（共著、昌美堂出版、2017 年）、『新 自分デザイン・ブックⅡ』（共著、ドリームシップ、2024 年 8 月刊行予定）がある。
2 級キャリアコンサルティング技能士、キャリアコンサルタント、産業カウンセラー、認定心理士、特定社会保険労務士。

浅田実果（あさだ　みか）［第7, 8, 9章］

株式会社 AS キャリア取締役。
鹿児島大学、京都先端科学大学非常勤講師。
キャリア教育、キャリアコンサルティング、キャリアコンサルタント養成、心理カウンセリングの実務家。
キャリアデザイン、コミュニケーション、メンタルヘルス研修を多数実施。
1 級キャリアコンサルティング技能士、キャリアコンサルタント、公認心理師、産業カウンセラー。

「わたし」を伝えるコミュニケーション
ワークブック

2024 年 7 月 10 日　初版第 1 刷発行

編著者　湯口恭子 ©
発行者　萩原淳平
印刷者　藤原愛子
発行所　株式会社　**晃洋書房**
　　　　〒 615-0026　京都市右京区西院北矢掛町 7 番地
　　　　　　　　　電話　075(312)0788番（代）
　　　　　　　　　振替口座　01040-6-32280
印刷・製本　藤原印刷株式会社
装　幀　HON DESIGN（小守いつみ）
ISBN 978-4-7710-3822-6